Dieter Czerny

Die Spielregeln des Lebens

Lichtbaum

Die Spielregeln des Lebens

von

Dieter Czerny

1. Auflage 2000

Copyright© 2000 by Dieter Czerny

Lichtbaum® - Verlag

Herstellung: Books on Demand GmbH
Steiermark 8020 Graz Austria
Tel: 0043 / 0699 / 10 16 66 80
email: verlag.lichtbaum@gmx.at
Homepage: www.lichtbaum.at.tf

ISBN 3-9501226-4-8

Die Spielregeln des Lebens

von

Dieter Czerny

Dies ist ein Buch über die Spielregeln des Lebens. Wie in jedem anderen Spiel auch möchten Sie wissen, worum es geht und wie es Ihnen gelingt, selbstbestimmt Ihr Spiel zu machen! Ich wünsche Ihnen viel Spaß dabei zu entdecken, warum Sie manchmal Glück hatten, oder ein anderes Mal keines. Sie werden lernen wie es Ihnen möglich ist Ihre Lebensumstände, als auch Ihre Gesundheit dauerhaft zu festigen. Somit können Sie Ihrem Alltag gelassener und ruhiger begegnen, um einfach glücklich zu sein.

Inhaltsverzeichnis:

Seite
5   Vorwort & Danksagung
6   Einleitung

Kapitel 1

8   Sieben Gründe warum Sie zweifeln:
9   Ungerechtigkeit
10 Immer passiert mir das
15 Es ist so, ich hab es immer wieder erlebt
16 Willkür
18 Ich versuche alles, aber es ändert sich nichts
19 Mein Karma ist schlecht!
20 Ungeduld und andere Störquellen
22 Hier noch etwas zum Verhalten

Kapitel 2

23 Zehn Gründe um zuversichtlich zu sein oder wie Sie Ihr Leben
    selbst schreiben & gestalten können:
24 Ihr Körpersystem und seine Reinigung
26 Akupunkturmeridiane
27 Chakren
28 Aura
30 Die sieben Körper
33 So reinige ich mein System / Erdung
34 Reinigung
35 So kann ich mich schützen
38 Wer kann mir helfen
40 So richte ich mich neu aus
42 Projekte und Wünsche verwirklichen
44 Möglichkeiten wie ich meine Gesundheit erhalte & fit bleibe

50 Wie Sie Störquellen erkennen können

51 Meditation

52 Was unterstützt und fördert mich in meiner Entwicklung

56 Was tun wenn Sie einen Rat benötigen

58 So gleiche ich mich selbst aus

60 Reinigung und Kräftigung der drei Hauptenergiesysteme
(Meridiane, Chakren, Aura,7 Körpergraphik, Körperdank)

Kapitel 3

65 Universelle Spielregeln des Lebens, die in jedem Fall gelten

Kapitel 4

70 Das enorme Potential Ihres Gehirns nützen lernen

Kapitel 5

74 Warum es wichtig ist, mit Ihren Energien umgehen zu können

Kapitel 6

79 Wie Sie das Gelernte im Alltag anwenden

Kapitel 7

90 Warum wir unbegrenzte Wesen sind

Kapitel 8

94 Zehn Tugenden für Ihren Weg

Kapitel 9

104 Globale Vorschau & Zeiterscheinungen
(2012, 5 neue Chakren, 12 Strang DNS)

107 Schlußwort

108 Kleine Helfer für Ihr Wohlbefinden
(Produktübersicht)

111 Literaturhinweise

114 Begriffserklärung

118 Weitere Bücher von mir

125 Kontaktadressen

126 Nachwort

Vorwort:

Wir alle haben uns in unserem Leben schon öfters gefragt, warum wir hier auf dieser Welt sind, welche Aufgabe wir erfüllen sollen, oder was nach dem Tod kommen wird.

Ständig beschäftigen uns Fragen wie: Warum passiert mir das immer? Wie kann Gott so etwas zulassen, wenn es Ihn überhaupt gibt? Warum kann mein Leben nicht einfach sein und so laufen, wie ich es mir wünsche? Sie müssen sich diese Fragen selbst beantworten, denn nur Sie alleine entscheiden, wie sich die Welt und Ihr Leben verändern können. Ich kann Sie auf diesem Weg nur begleiten und Ihnen neue, oder vielleicht unbegrenzte Möglichkeiten aufzeigen, um all dies besser zu verstehen und zu lernen damit umzugehen.

Sie sind es, der Ihr Leben in jedem Augenblick und Gedanken gestaltet und erschafft. Erlernen Sie die Spielregeln und Sie können Ihr Leben selbst in die Hand nehmen!

Danksagung

Ich möchte mich bei allen bedanken, die es möglich gemacht haben, daß ich da bin, wo ich jetzt stehe.

Mein besonderer Dank gilt meiner wundervollen Frau, die ich über alles liebe, für Ihre Inspiration.

Meiner Freundin und Lehrerin, aus deren unermeßlichem Erfahrungs und Wissensschatz ich immer profitiert habe.

Den Bäumen, die sich für dieses Papier hergeschenkt haben.

Und allen Lichtwesen, die mich leiten und mir so viel Liebe schenken.

Hinweis:

Die in diesem Buch beschriebenen Methoden sind mit Sorgfalt zusammengestellt. Dennoch übernimmt weder der Autor noch der Verlag, aus rechtlichen Gründen dieHaftung oder Verantwortung dafür, wie diese Methoden gebraucht werden.

Einleitung

Es freut mich, daß mein Buch zu Ihnen gefunden hat und ich möchte Sie hiermit herzlich Willkommen heißen!

Wir werden uns in den folgenden Kapiteln auf eine Reise begeben, von der Sie all das in Ihr Leben bringen können, was Ihnen richtig oder hilfreich erscheint. Was Sie hier sicher nicht finden werden, sind starre Vorschriften, Regeln, die Sie genauestens befolgen müssen, oder eine bestimmte religiöse Form des Lebens.

Vielmehr möchte ich Ihnen Wege und Möglichkeiten aufzeigen, die es Ihnen leichter machen können. Leichter, da Sie besser die unsichtbaren Zusammenhänge verstehen und aufzuspüren lernen. Somit beginnen Sie, Ihr Leben selbst zu gestalten. Die hier zusammengetragenen Informationen stammen aus vielen verschiedenen Quellen. Einerseits aus meinen Erfahrungen mit Klienten, mit denen ich in meiner Praxis für energetische Lichtarbeit & Shiatsu arbeite, als auch von verschiedenen Ausbildungen, die ich im Laufe der Zeit gemacht habe. Ein Großteil des Wissens ist allerdings schon sehr alt und wurde über Jahrhunderte hinweg in den verschiedensten Kulturen weitergegeben und übermittelt. Jede Kultur hat das überlieferte Wissen auf ihre ganz spezielle Art interpretiert und wieder weiter gelehrt. Sei das nun in Indien, China, oder auch in unseren Gebieten. Überall wurden die alten Lehren, seit tausenden von Jahren, weitergegeben und erprobt.
Zum Beispiel findet man in annähernd allen Kulturen eine Beschreibung unseres Körpersystems, welches außer unserem physischen Körper auch Meridiane, Chakren und die Aura miteinbezieht.

Dieses sehr alte Wissen ist die Grundlage für dieses Buch, es ist weder von mir erfunden, noch versuche ich eine neue Glaubensrichtung zu kreieren.

Es sind die alten Richtlinien nach denen das Leben schon immer gespielt hat.

Ich lade Sie ein mit mir den Weg dieses alten Wissens zu gehen und sich all das in Ihr Leben mitzunehmen, von dem Sie in Ihrem Herzen spüren, daß es die Wahrheit ist! Lassen Sie sich von Ihrer inneren Stimme leiten und bleiben Sie offen für Gefühle, Eindrücke und Bilder, welche sich während des Lesens bei Ihnen einstellen. Denn die zweidimensionalen Wörter dieses Buches beinhalten Informationen auf vielen verschiedenen Ebenen. Diese Informationen, auf den verschiedenen Ebenen, werden sich Ihnen so zeigen, wie Sie es zulassen und bereit dazu sind. Seien Sie sich sicher, daß sie immer genau das Wissen aus einem Buch erhalten, welches für Sie gerade richtig ist.

So jetzt aber genug davon gesprochen, lassen Sie uns mit dem ersten Teil des Buches beginnen, in dem ich einige der häufigsten Gründe für Sie zusammengestellt habe, die uns nicht erkennen lassen, daß hinter dem Leben ein großer Plan mit Spielregeln steckt.

Erstes Kapitel

7 Gründe warum Sie zweifeln

Ungerechtigkeit

Immer passiert mir das

Es ist so, so erlebe ich es immer wieder

Willkür

Ich versuch´s, aber es ändert sich nichts

Mein Karma ist schlecht

Ungeduld & andere Störquellen

Es gibt viele Gründe warum wir bereit sind zu zweifeln. Leider zweifeln wir meist an uns selbst und unseren Fähigkeiten alles zu bewältigen.

Seien Sie sich einer Sache gewiß: alle Lebensumstände sind Aufgaben und Herausforderungen, die wir uns selbst gestellt haben. Wir wissen wohl, daß wir fähig sind sie zu bewältigen, anderen Falls hätten wir sie uns nicht gewählt. Wir werden uns jetzt jedes einzelne Thema hernehmen und genau schauen, was es damit auf sich hat.

Ungerechtigkeit:

Wir haben es uns angewöhnt viele verschiedene Dinge gleich als ungerecht zu bezeichnen, als ob alle anderen immer Schuld an unserer mißlichen Situation wären. Sei es nun, daß wir zu wenig Geld bekommen, weniger Glück haben als andere, oder nicht unseren Fähigkeiten entsprechend gelobt und anerkannt werden. Wir möchten einmal für die vollbrachten Leistungen eine Belohnung erhalten, oder glauben nie das zu bekommen was einem eigentlich zusteht.

Wie immer wir auch mit diesem Thema umgehen, es liegt an uns, ob wir mit unserem Schicksal hadern, oder ob wir uns entschließen für das, was wir haben dankbar zu sein und daraus das Beste für uns selbst, als auch andere zu machen. Wenn wir uns das Thema Gerechtigkeit oder Ungerechtigkeit einmal von einer anderen Seite ansehen möchten, wird uns vielleicht bewußt, daß beide Begriffe relativ sind.

Gehen wir einmal davon aus, so wie es in vielen Überlieferungen steht und von feinfühligen Menschen aus aller Welt immer wieder berichtet wird, daß bevor wir geboren werden, wir es selbst sind, die sich aussuchen, wie unser eigenes Leben ablaufen soll.

In vielen unterschiedlichen Schriften und alten Überlieferungen, wird davon berichtet, daß wir es sind, die unser Leben schreiben und zuvor erwählen. Somit wird uns ermöglicht neue Erfahrungen zu sammeln, uns weiterzuentwickeln und daran zu wachsen.

Wahrscheinlich denken Sie jetzt, dann hätte ich es mir sicher etwas leichter gemacht! - Und dennoch stellen Sie sich vor Sie hätten eine große Aufgabe zu erfüllen, ein einzigartiges Spiel, indem Sie so schnell als möglich weiterkommen möchten. Wenn dies so wäre, hätten Sie sich für Ihr Leben sicherlich Aufgaben gestellt, die Sie noch nicht erledigt hätten. Aufgaben, die Ihrem Potential entsprechen und eine Herausforderung für Sie darstellen, um sich weiterzuentwickeln.

Stellen Sie sich weiters vor, Sie hätten eine unendliche Anzahl von Mitspielern zu Verfügung und suchen sich nun die aus, welche Ihnen bei Ihren Aufgaben am besten helfen können. So schaffen Sie für sich und für andere Situationen, in denen alle Beteiligten das erlernen, was Ihnen noch fehlt.

Sie lernen also anhand von vorher ausgemachten Situationen, die es Ihnen ermöglichen weiterzukommen. Wenn Sie nun alle diese Voraussetzungen hernehmen, dann sind Sie es selbst, der um zu lernen, gewisse Situationen herbeiführt.

Unter den Erfahrungen, welche Sie sich wählen, können wundervolle, unglaublich schöne, als auch tief traurige oder auch unbegreifliche Begebenheiten sein. Alle diese dienen nur dazu, Ihren Erfahrungsschatz und somit auch Ihren Bewußtseinsgrad zu bereichern, um so einen Zug weiter gehen zu können.

Lassen Sie sich das einmal durch den Kopf gehen und sie werden wahrscheinlich zu dem Schluß kommen, daß unter diesem Blickwinkel die Grenzen zwischen gerecht und ungerecht, schwer faßbar sind.

Ich möchte Sie hier auf gar keinen Fall dazu ermutigen jemandem anderen zu schaden, weil er und Sie ja etwas daraus lernen könnten. Es gibt nämlich ganz klare Grenzen zwischen hilfreichen Verhalten für ein schnelles Weiterkommen und eben wie in diesem Fall hinderliche, doch damit werden wir uns später noch befassen. Ich möchte Sie hiermit auch ermutigen nicht vorschnell über andere oder sich selbst zu urteilen, sondern allen Erfahrungen, die sie machen, ihre Sinnhaftigkeit zuzugestehen, auch wenn es oft schwer zu erkennen ist.

Immer passiert mir das!

Sie kennen das sicher. Alles scheint sich gegen Sie gerichtet zu haben. Immer und immer wieder geraten Sie in den gleichen Schlamassel! Sie ärgern Sich darüber, daß Ihnen immer und immer wieder das Gleiche passiert und möchten sich endlich davon befreien! Meistens hat es eine größere Bedeutung, wenn Sie immer wieder auf das gleiche Thema eher unsanft hingewiesen werden. Sie sollten sich einmal fragen, welche Bedeutung diese immer wieder kehrende Situation für Sie ganz persönlich hat. Was stört Sie so daran und wie reagieren Sie darauf. Wenn Sie sich darüber im Klaren sind, können Sie damit beginnen sich zu überlegen, wie Sie es gerne hätten. Wie Sie sich fühlen möchten, wie die Situation in Ihren Augen ablaufen sollte und was Sie dazu beitragen könnten. Einer der verhängnisvollen Eigenarten unserer Zeit ist es immer nur das zu betonen und aufzuzeigen, was wir nicht wollen. Die Medien sind voll von Katastrophen und Berichte über unschöne Dinge.

Ich habe noch nie eine Demonstration, (lat. demonstrare = etwas aufzeigen), gesehen, die sich damit beschäftigt hätte, wie es sein sollte, oder eine besonders gute und schöne Sache gelobt hätte, doch genau so etwas benötigen Sie, um für sich etwas zu ändern. Wenn man etwas verändern will, ist es notwendig sich nach dem auszurichten, was man erreichen möchte.

„Ich will nicht mehr, daß...." oder ähnliche Aussagen, drehen sich immer um die Sache, welche Sie eigentlich nicht möchten. Das bedeutet, mit jedem Benennen, verstärken Sie das nicht Gewollte, anstatt etwas zu verändern. Seien Sie sich dessen bewußt, daß alles was Sie in Ihrem Leben machen eine Auswirkung auf andere Personen und schließlich zurück auf Sie selbst hat. Diese drei Zeilen beinhalten eine alt und sehr große Weisheit in sich. Wenn Sie diese Weisheit wirklich leben, dann stehen Ihnen alle Türen offen. Einfach ausgedrückt, bedeutet es, daß alle Gedanken, Emotionen, und deren Qualität, die Sie haben, auf andere Lebewesen und Sie selbst wirken.

Diese Qualitäten, welche Sie selbst ausgesandt haben, erhalten Sie durch Dinge, die Ihnen widerfahren, oder Menschen, die Sie treffen wieder zurück.

In der Bibel stand schon geschrieben:

„Was Du säst, das wirst du auch ernten"

Wenn Sie in einer Gesellschaft wie der unseren leben, dann haben Sie ständig mit den verschiedensten Leuten und Situationen zu tun. Sie müssen sich mit anderen austauschen, Probleme bewältigen und vieles mehr. Oft ärgert man sich über das Verhalten anderer, sei es nun im Straßenverkehr oder am Arbeitsplatz. Zu selten lächelt man sich einfach so zu, oder hilft bei Kleinigkeiten weiter. Oft kann man in den Gesichtern oder Verhaltensweisen anderer lesen, oder man fühlt wie es ihnen gerade in dem Moment geht. Ist jemand lustig, traurig, verärgert, gefährlich, interessant oder verschreckt. Unzählbare Informationen kann man an anderen bemerken. Jeder von uns ist sozusagen ein Sender, als auch eine Antenne, und je nachdem was wir aussenden, erhalten wir - dem entsprechend - auch zurück.

Ich möchte Sie mit einem weiteren wichtigen Gesetz, das zwar bekannt ist, aber kaum im Leben eingesetzt wird, vertraut machen. Es handelt sich dabei um die Aussage:

„ Gleiches zieht Gleiches an „

oder wie der Volksmund sagt:

„Gleich und gleich gesellt sich gern„

Es geht hier darum, daß sich ähnliche Menschen, oder Qualitäten im allgemeinen anziehen und zueinander finden. Wenn ich die Saite einer Gitarre anschlage und es stehen im selben Raum noch andere Saiten-instrumente, dann beginnen alle gleichgestimmten Saiten mitzuschwingen.

Es entsteht hier eine sympathische Resonanz, die alle gleichen oder ähnlichen Schwingungsmuster zum Mitschwingen anregt.

So ähnlich kann man sich das bei unseren Gedanken und Handlungen vorstellen. Ähnliche Schwingungsmuster ziehen einander an und interagieren miteinander. Für uns als Menschen bedeutet das, auf unsere Gedanken, Gefühle und Handlungen zu achten, um nur die Schwingungen auszusenden - als auch dementsprechend zu erhalten - die wir möchten.

Dies ist einer der wichtigsten Schritte, um eine Veränderung herbeizuführen, denn ab hier beginnen wir Verantwortung für uns selbst zu übernehmen. Für unsere Handlungen, Gedanken, Gefühle und deren Auswirkung auf uns und andere Mitmenschen.

Wir müssen uns selbst nicht mehr in der hilflosen Opferrolle sehen, sondern können aktiv unser Leben und dessen Verlauf miterschaffen. Wir schaffen uns durch unsere Gedanken, Gefühle, Handlungen und Überzeugungen unsere eigene Realität, so wie wir sie erleben. Dies ist keine Theorie oder etwa ein Verneinungsversuch der Realität, es ist vielmehr eine Spielregel des Lebens, und egal ob wir sie berücksichtigen oder nicht, ihre Wirksamkeit hat sie immer. Nehmen wir also an, Sie hätten überall wo sie hingehen, ständig Angst ausgeraubt zu werden. Sie würden oft daran denken und vielleicht sogar Angst verspüren, und diese Schwingungen, wie wir jetzt wissen, aussenden. Davon ausgehend sind zwei Annahmen wahrscheinlich - Gleiches zieht Gleiches an, also würden Sie früher oder später überfallen werden, oder sie treffen Leute die ebensoviel Angst haben und hätten dann wahrscheinlich noch mehr.

Das Gleiche gilt für sämtliche möglichen Situationen, die Sie sich ausdenken können, immer zieht Gleiches eben das Gleiche an. Dies bietet Ihnen die enorme Freiheit selbst zu entscheiden was Ihnen widerfahren soll, oder eben nicht. Gleichzeitig heißt das aber auch viel, viel Übung im Umgang mit Ihren Gedanken, Gefühlen, Überzeugungen und Handlungen. Machen Sie sich zuerst klar worin Ihre Probleme und Ängste liegen. Beginnen Sie Schritt für Schritt an der Lösung, also an die gewünschte Situation zu denken und so zu handeln.
Verstärken Sie das Gewollte und nicht das, was Sie nicht möchten. Schieben Sie nicht Ihre Ängste weg ! „da es ja nicht gut ist Ängste zu haben", das wäre als ob Sie eine rosarote Brille aufsetzen. Wenn sie Angst oder beklemmende Gedanken bei sich bemerken, nehmen Sie diese zur Kenntnis, verabschieden Sie sich davon, da Sie lieber an etwas Schönes oder Wundervolles denken b.z.w. fühlen möchten und beginnen Sie sich danach auszurichten. Atmen Sie ruhig und ausgiebig, stellen Sie sich vor, daß viele kleine Helfer sich Ihrer Sorgen annehmen, damit Sie Zeit haben, um sich etwas Hilfreiches und Schönes vorzustellen. Machen Sie sich klar, daß egal in welche Situation Sie geraten, Sie es sind, der entscheidet was Sie darüber denken oder fühlen wollen. Wenn Sie ungeübt sind, reagieren Sie nur auf

eine Situation, wenn Sie aber die Meisterschaft über sich erlangt haben, dann handeln Sie bewußt und können sich Ihre Reaktion erwählen.

Ich kann Ihnen nicht versprechen, daß es einfach ist oder sehr schwer, Sie sind es der entscheidet wie gut Sie damit zurecht kommen.

Mit täglichem bewußten Üben erhält man seine ersten positiven Rückmeldungen. Wenn man eine Befürchtung oder einen negativen Gedanken stehen gelassen hat und sich für ein freudiges Lächeln oder einen wunderschönen Gedanken entschieden hat.

Wir haben so viel Zeit am Tag zu denken, deshalb sollte es an Möglichkeiten an sich zu arbeiten nicht fehlen. Gerade hier ist es wichtig sich ständig in dieser Kunst zu üben!

Huch!

Lassen Sie uns einmal kurz verschnaufen und zusammenfassen!

Wir wählen uns unser Leben und die Inhalte, welche wir ergründen wollen, schon vor der Geburt aus. Somit sammeln wir Erfahrungen, die wir noch nicht gemacht haben.

In den verschiedenen Situationen die wir uns zuvor mit anderen ausgemacht haben, liegt es an uns, wie wir in dieser Situation reagieren. Wir entscheiden über unsere Gedanken, Gefühle, Handlungen und Überzeugungen.

Somit entscheiden wir selbst, wie leicht oder schwierig sich eine neutrale Situation, die wir dann mit unserer persönlichen Art färben, bewerkstelligen läßt. Um unsere Gedanken und Gefühle wählen zu können, bedarf es der Schulung und Übung im täglichen Leben.

Es ist so, ich hab es immer wieder erlebt

Alles was starr ist, ist nicht lange von Bestand

Ich hatte einen Freund, mit dem ich mich zwar recht gut verstand, aber immer wenn wir angeregt zu diskutieren begannen, kamen wir an einen Punkt, an dem die Fronten so verhärtet waren, daß wir dem anderen, im besten Fall nur mehr ein Kopfschütteln entgegenbrachten.

Im Laufe unseres Lebens sammeln wir - besonders eifrig in der Jugend - Erfahrungen aller möglichen Arten, um uns ein wenig Sicherheit zu schaffen, was passiert, wenn ich dieses oder jenes mache. Aufgrund dieser Erfahrungen basteln wir uns Weltanschauungen, Verhaltensmuster und alles was so zum Leben dazugehört. Wenn nun jemand bei einem fragwürdigen Seminar über glühende Kohlen läuft und sich die Füße verbrennt, wird er spätestens beim zweiten Mal damit aufhören. Das Thema, ob man unversehrt über glühende Kohlen laufen kann, wird sich für Ihn mit einem klaren Nein erledigt haben. Sollte er aber mit einer fundierten Vorbereitung und dem nötigen Wissen ausgestattet worden sein und er läuft drei Mal ohne jegliche Probleme über diese Kohlen, dann ist für Ihn eine Begrenzung, die er sich im ersten Fall anhand der Umstände und Erfahrungen selbst gesetzt hat, aufgehoben. Wir legen uns also durch unsere Erfahrungen oder durch unser Wissen gewisse Überzeugungen zu, um uns besser in dieser Welt zu orientieren.

Diese Überzeugungen können uns gewisse Dinge versperren oder auch die Türen aufstoßen. Aufgrund seiner Erfahrung und der daraus folgenden Überzeugung, ermöglicht sich der Mann, der sich die Füße verbrannt hat nicht die Möglichkeit, jemals heil über glühende Kohlen zu laufen. Dennoch entspricht seine Überzeugung dem, was er als Realität erlebt hat. Realität ist also nichts objektives, sondern sie ist ein Produkt meiner Erfahrung, Überzeugung und Wahrnehmungsfähigkeit.

Sobald ich mich dazu entschließe, daß ein Gesetz, der mir bis jetzt bekannten Realität, keine Gültigkeit mehr für mich hat und dieses neue Wissen in allen meinen Zellen verankert ist, gilt diese Realität für mich nicht mehr. Somit begrenze ich mich nur durch das, welches ich als Realität anerkenne, weil es meinen momentanen Entwicklungstand entspricht. Wir schaffen uns also unsere eigene Realität durch unsere festen Überzeugungen, die sich dann mit all ihren Gesetzen auch auswirkt. Es gab vor einigen Jahren einen Vorfall, bei dem eine kleine Gruppe von Menschen versehentlich in einem Kühlwagen eingeschlossen wurde. Sie waren dort gefangen und hatten nicht sonderlich viel an. Man fand sie leider erst am nächsten Tag, wo sie alle mit starken Erfrierungerscheinungen tot aufgefunden wurden. Das interessante daran war, daß die Kühlanlage des Wagen gar nicht in Betrieb war. Warum starben diese Leute dann und hatten auch noch Erfrierungserscheinungen? Sie waren so fest davon überzeugt, daß sie in einem Kühlwagen ja erfrieren mußten, daß sie letztendlich auch starben. Sie hatten sogar Erfrierungserscheinungen, da sie sich ihre eigene Realität in diesem Fall zu stark erschaffen hatten. Natürlich kann dieses eigene Realitätsschaffen auch dazu angewandt werden, um sein Leben zu bereichern und bisherige Grenzen aufzulösen.

Lassen Sie uns also kurz zusammenfassen

Sie schaffen sich Ihre eigene Realität durch das, wovon Sie überzeugt sind und senden das auch aus. Diese Signale werden von Ihrer Umwelt reflektiert und Sie bestätigen sich ständig diese Überzeugung. Obgleich Sie mit einer anderen Überzeugung ganz andere Erfahrungen machen würden und sich somit dann diese bestätigen würden. Also liegt es an Ihnen, wie Ihre Realität aussehen soll. Kurz gesagt, wenn Sie der Überzeugung sind, daß alle Menschen freundlich sind und Sie dies auch an Ihre Mitmenschen aussenden, wird sich diese Annahme für Sie auch bestätigen. Wobei Sie Ihre Intuition und Ihren klaren Menschenverstand natürlich niemals außer Acht lassen sollten.

Willkür

An manchen Tagen fragt man sich, ob es überhaupt so etwas wie einen Gott, oder zumindest so etwas ähnliches, gibt. So viele Kinder müssen sterben, obwohl sie noch nichts vom Leben hatten, Unschuldige werden verurteilt und Schuldige werden freigesprochen. Und dennoch läuft alles so wie es eben sein muß! Wir alle haben uns, wie schon erwähnt, gewisse Erfahrungen ausgesucht, um daran zu lernen.

Wir haben uns mit allen Mitspielern, die jemals in unserem Leben eine Rolle übernehmen zusammengesetzt, um für alle die optimale Begebenheit zu schaffen. Wenn wir dann in diesem Leben mit einer vielleicht traurigen Situation konfrontiert werden, sehen wir nur mehr die jetzige Situation. Nicht aber den größeren Zusammenhang und warum wir uns diese Erfahrung gewählt haben.

Seien Sie sich sicher, alles und ich meine wirklich alles im Leben hat seinen Sinn und seine Berechtigung. Wir alle haben einen freien Willen, der uns befähigt jede Situation in die wir jemals kommen, so zu erleben wie wir das möchten. Ihr Verhalten und Ihre Reaktion auf ein Ereignis bestimmt, wie Sie eine Situation erleben und abspeichern.

Die Situationen, welche Sie sich vor ihrer Geburt ausgesucht haben, können Sie nicht so leicht ändern, aber wie Sie auf die Situation reagieren und was sich daraus für Sie ergibt, dafür stehen Ihnen sämtliche Wege frei!

Entscheiden Sie besonnen, welche Wege Sie gehen möchten. Fragen Sie Ihre Intuition, Ihr Herz und Ihren Verstand und entscheiden Sie erst dann. Sie können sich so viel ersparen. Es ist sicher nicht in Ihrem Sinn über sämtliche Stolpersteine des Lebens zu fallen, in der Annahme, das sei Ihr Weg!

Nehmen Sie sich eine Situation aus dem Leben her und gehen Sie diese nochmals durch. Wie haben Sie reagiert und warum? Möchten Sie eigentlich so reagieren und stimmt die Reaktion mit Ihrer Überzeugung überein? Sind das Ihre Reaktionen oder haben Sie diese von Eltern, gesellschaftlichen Normen oder ähnlichem übernommen? All dies kann Ihnen dabei helfen der vermeintlichen Willkür eine Richtung zu geben, die Sie sich selbst aussuchen. Verleugnen Sie nicht Ihre Gedanken oder Gefühle, aber arbeiten Sie daran.

Ich versuche alles, aber es ändert sich nichts !

Wenn Sie sich um etwas bemühen und es will und will sich einfach nichts ändern, dann hat dies auch seinen Grund. Da es aber vielfache Gründe geben kann, werde ich Ihnen die häufigsten aufzählen:

· Sie haben sich mit einer neuen Überzeugung vertraut gemacht, hängen aber noch zu sehr an Ihrer alten und versperren sich die neue Erfahrung.

· Sie sind zu ungeduldig und versteifen sich nur auf eine Lösung.

· Sie wollen alles andere ändern, Freunde und deren Überzeugung, Ihre Umwelt und gewisse Gegebenheiten, aber sich und Ihre Überzeugungen möchten Sie um jeden Preis beibehalten.

· Etwas, was Sie möchten, dient nicht zu Ihrem höchsten Wohl, oder dem von anderen.

· Der Zeitpunkt ist noch nicht gekommen und etwas anderes muß sich zuerst noch in Ihrem Leben verändern.

...und noch viele mehr. Im Allgemeinen gilt für solche Fälle:

· Überprüfen Sie Ihre Beweggründe, stellen Sie sich die schon eingetretene Situation vor: Fühlen Sie sich darin wirklich wohl?

· Dient die gewünschte Veränderung allen Beteiligten, oder wollen Sie Ihren Willen um jeden Preis, auch wenn er anderen schadet, durchsetzen?

· Haben Sie sich wirklich geändert um einer neuen Überzeugung und Ausstrahlung Platz zu machen?

· Könnte Ihnen jemand dabei helfen und glauben Sie an Ihre Kreativität?

· Halten Sie sich und Ihr Vorhaben wohl auch für wertvoll?

.   Sind Sie wirklich bereit, die Veränderung, als auch die Folgen, welche sich daraus ergeben, in Ihr Leben zu lassen und wird es gebraucht?

Wenn alle diese Punkte für Sie positiv geklärt sind und Sie wirklich etwas verwirklichen möchten, dann gehen Sie, wie auf Seite 40-44 und 70-73 vor, die beschreiben wie Sie Ihre Wünsche verwirklichen können. Lesen Sie aber besser zuerst die übrigen seiten bis dort hin um alles genau zu verstehen.

Wenn sich das mit vollem Herzen Gewünschte dann immer noch nicht einstellt, dann hat das einen besonderen Grund, der oft außerhalb unseres Fassungsvermögens liegt. Was Sie in so einer Situation auf jeden Fall machen können, ist sich auf eine Lösung einzustellen. Daß Sie mit einem Buch, einem Menschen oder mit einer neuen Idee in Kontakt kommen möchten, welche es Ihnen ermöglicht zu verstehen, oder besser damit umgehen zukönnen. Arbeiten Sie vor allem mit Ihrer Vorstellungskraft, damit Sie die Schwingungen ausstrahlen und erhalten, die Ihnen bei Ihrem Problem helfen. Was Sie dabei beachten sollten erfahren Sie in Kapitel 2.

Mein Karma ist schlecht !

Viele von Ihnen haben sicher schon einmal das Wort Karma gehört. Oftmals wird es als ein unabwendbares Schicksal oder die Strafe für böse Taten bezeichnet.
Karma heißt "Tat" und bezieht sich auf nichts anderes als auf diese. Dabei handelt es sich um den Ausspruch:

"Was Du säst, das wirst du auch ernten "

Alle Taten die wir jemals gemacht haben oder machen werden, verlangen danach mit der gleichen Qualität ausgeglichen zu werden. Nehmen wir an, wenn ich jemanden in der Schule gehänselt habe, erzeuge ich eine Tat, die nach Ausgleich strebt.
Dieser Ausgleich könnte so aussehen, daß mich jemand den ich gerne als Freund hätte, vor seiner Freundschaft mit mir, ständig ärgert und die Tat im großen Zusammenhang somit ausgeglichen worden wäre. Es gibt natürlich unendlich viele Möglichkeiten, aber das Prinzip bleibt immer das selbe.

19

Wir verwenden manchmal auch den Ausdruck, daß jemand ein Pechvogel sei. Eigentlich gibt es so etwas nicht! Wir alle sind bemüht uns weiterzuentwickeln, wobei für alle ausnahmslos die selben Regeln gelten und keiner bevorteilt oder benachteiligt wird. Jeder erhält das, was er sich, auf Grund seiner Taten, verdient hat. Dementsprechend erhält er die Situationen, welche er noch benötigt um weiter zu kommen. Reden Sie sich nichts Negatives ein und übernehmen Sie die Verantwortung für Ihre Gedanken, Gefühle, Handlungen und Überzeugungen - eben für Ihr Leben -.

Aberglaube, der meist eher negative Assoziationen mit sich bringt, entsteht nur aus Angst und Unwissenheit. Angst ist das genau Gegenteil der größten Kräfte von allen, der Liebe und der Transformation.

Ungeduld und andere Störquellen

Wir haben uns jetzt mit einigen wichtigen Gründen beschäftigt warum wir zweifeln, oder manchmal einfach alles hinwerfen wollen.

Zum Abschluß dieses Kapitels möchte ich Sie noch mit einigen Störenfrieden bekanntmachen, die Ihnen Ihr Leben oft erschweren. In der traditionellen Sitzmeditation werden einige widrige Emotionen beschrieben, die einen an der Ausübung der Übung hindern möchten. Diese wären Ungeduld, Rastlosigkeit, Unkonzentriertheit, Unentschlossenheit und die schlimmste ist der Zweifel. Meistens begegnen Ihnen diese Gefühle in verschiedenen Abschnitten eines Projektes, einer Übung, einer Situation, oder allgemein in Ihrem Leben. Diese Gefühle spiegeln unseren inneren Kampf mit uns selbst wider.

Die Persönlichkeit, die wir uns angeeignet haben, läßt es nicht zu, mit Vertrauen in unser Leben die Dinge einfach kommen zu lassen. Je mehr wir eine innere Führung zulassen, desto sicherer und ruhiger werden unsere Entscheidungen sein.

Ungeduld tritt immer dann auf, wenn es Ihnen einfach zu langsam geht! Sie wissen schon wie es aussieht wenn es fertig ist und möchten nicht mehr länger warten - was ich im übrigen sehr gut kenne - . Sie begeben sich in die Zukunft und verwehren Ihnen damit selbst, den Augenblick zu genießen. Der Weg ist mindestens genauso wichtig, wie das Ziel und es gibt so viele Möglichkeiten den Moment zu erleben. Atmen Sie ein paar Züge bewußt, langsam und tief oder nehmen Sie sich die Zeit, die Sie gerade als zu langsam empfinden und denken Sie an etwas Schönes und Erhebendes. Vertrauen Sie Ihrer inneren Stimme und bitten Sie um Inspiration und Führung. Seien Sie sich bewußt, daß alles so geschieht, wie es für Sie, am besten ist und lernen Sie dem Leben zu vertrauen.

Rastlosigkeit läßt Sie gedanklich und körperlich rotieren und vergeudet Ihre Energie. Betätigen Sie sich körperlich, bis Sie nach Luft schnappen müssen und setzen Sie sich dann hin, um langsam und tief in Ihren Bauch zu atmen. Sie könne sich auch 5x, nach rechts, um die Achse drehen. Das bringt Sie wieder mit dem Augenblick, dem Jetzt, in Verbindung. Sie müssen dem, was drängt, Bewegung und Freiraum lassen, um sich dann wieder zu sammeln.

Unkonzentriertheit führt Sie immer wieder von dem Weg, mit dem Sie sich befassen möchten. Oft handelt es sich dabei um ein Befassen mit mehreren Themen zugleich, das Sie dann nicht ruhen läßt. Klären Sie, was Sie noch beschäftigt und konzentrieren Sie sich einige Minuten auf Ihren Atem. Beobachten Sie diesen, ohne ihn zu bewerten. Begrüßen Sie alle Gedanken und Gefühle, die Ihnen kommen und verabschieden Sie sich wieder von ihnen, da Sie sich nun auf den Atem konzentrieren wollen. Danach machen Sie mit Ihrer vorigen Beschäftigung weiter.

Unentschlossenheit bringt Sie manchmal zur Verzweiflung. Sie sollten, bevor Sie etwas angehen, alle Möglichkeiten und Ihre Wünsche überdenken und dann erst eine Entscheidung fällen. Das erspart Ihnen viele Grübeleien. Wenn Sie sich aus tiefsten Herzen entschieden haben, dann bleiben Sie auch bei dieser Entscheidung oder Sache und stören Sie sich selbst nicht durch andauerndes Grübeln.

Zweifel läßt Sie an sich selbst und manchmal sogar an der Schöpfung zweifeln. Er versucht Ihnen sämtliche Überzeugungen und sogar Ihr

Vertrauen wegzuziehen. Fassen Sie Vertrauen in sich und die Schöpfung, daß alles so kommt, wie es für Sie am besten ist! Richten Sie sich nach den Dingen aus, die Sie erreichen möchten und führen Sie sich all die Dinge vor Augen, die Sie schon erreicht haben, obwohl Sie daran zweifelten. Dies müssen keine großen Dinge sein, denn alle Dinge die Sie erreichen sind großartig. Denken Sie fest an ihr Ziel und machen Sie sich klar, daß Sie ständig geleitet und inspiriert werden, wenn Sie es zulassen.

- Noch etwas über das Verhalten und seine Tabus -

Ein Mensch definiert sich nicht über seinen Adel, seinen Beruf, Titel, seinen Kontostand, Besitz oder die Ausbildung und auch nicht über sein Alter.

Allein die Art und Weis wie er mit anderen Menschen umgeht und sich im menschlichen Miteinenader benimmt, sagt etwas über seine Persönlichkeit aus. Jeder Mensch hat den gleichen Wert und soll geachtet werden. Dennoch sollte man einem Menschen nicht alles blindlinks durchgehen lassen, aus welchem Grund auch immer. Angelernte Verhalten, wie die Eltern achten, Lehrern oder anderen Authoritätspersonen zu gehorchen, sind nur dann angebracht, wenn sie sich das, durch ihre Handlungen auch verdient haben.

Als Mensch sollte man jeden immer achten, aber der Persönlichkeit sollte man ihrem Verhalten nach angepaßt begegnen. Oft sind sich die Personen gar nicht im Klaren, daß sie sich zum Beispiel anmaßend benehmen. Sie haben dieses Verhalten nie hinterfragt, oder wurden nie darauf hingewiesen. Weiters gehört es aber auch dazu, sich nicht zu sehr in das „gut oder falsch Spiel" zu verstricken. Wenn Sie glauben, daß Sie etwas richtig machen, oder wissen genau wie man sich im Leben verhalten soll, dann versuchen Sie nicht andere zu bekehren. Das kostet viel Energie und führt zu nichts. Erzählen Sie anderen wie Sie das Leben sehen und wie Sie mit Situationen umgehen. Wichtig ist, dabei glaubhaft zu sein und das bedeutet, Sie müssen leben, was Sie einem anderen beibringen möchten. Wenn Sie Ihrem Kind das Rauchen verbieten und selbst 4 Packungen am Tag rauchen, dann wir dies kein Gehör finden. Leben Sie einfach vor und andere werden davon profitieren, weil sie so eine neue Möglichkeit erhalten, mit einer Situation umzugehen. Achten Sie Ihre Mitmenschen, sein Sie freundlich und lassen Sie jedem seinen freien Willen, so wie Sie das auch für sich beanspruchen.

Kapitel 2

10 Gründe um zuversichtlich zu sein oder wie Sie Ihr Leben selbst schreiben und gestalten können

Im vorhergegangenen Kapitel haben wir uns mit den Dingen auseinandergesetzt, die uns manchmal zweifeln lassen und somit nicht unser volles Potential ausschöpfen lassen. Wenn Sie bereit sind, Verantwortung für Ihre Lebensumstände zu übernehmen und an sich arbeiten möchten, um es sich selbst und anderen Menschen leichter zu machen, dann werden Sie erfahren, wozu Sie fähig sind. Es stehen Ihnen so viele Möglichkeiten bereit, um das Leben mit zu erschaffen und daran Spaß zu haben!

Viele Dinge im Leben scheinen oberflächlich betrachtet einfach so zu sein und dennoch erweisen sie sich als oft ganz anders, wenn man gelernt hat hinter ihre Fassade zu sehen. Wenn Sie sich auf eine Reise begeben wollen, um einmal hinter die Kulissen des Lebens zu schauen, dann benötigen Sie nichts Anderes als Vertrauen, Einfühlungsvermögen und etwas Geduld.

Nachdem Sie im ersten Kapitel erfahren haben, was in verschiedenen Situation Ihres Lebens hinderlich sein kann und warum etwas eventuell nicht so funktioniert, wie Sie das möchten, gehen wir nun auf etwas Anderes ein. Zum Beispiel wie Sie selbst Ihre Realität schaffen, welche Möglichkeiten sich dazu anbieten und wer Ihnen dabei helfen kann.

Hier eine kurze Auflistung der Themen in diesem Kapitel:

Themenübersicht

1/ Ihr Körpersystem und seine Reinigung

2/ So kann ich mich schützen

3/ Wer kann mir dabei helfen

4/ So richte ich mich neu aus

5/ Projekte und Wünsche verwirklichen

6/ Möglichkeiten wie ich meine Gesundheit aufrecht erhalte & fit bleibe

7/ Wie ich Störfaktoren erkenne und was ich dagegen machen kann.

8/ Was unterstützt und fördert mich in meiner Entwicklung

9/ Was tun, wenn Sie einen Rat brauchen

10/ So gleiche ich mich selbst wieder aus

Ihr Körpersystem und seine Reinigung

Körperpflege und Hygiene sind in unserer Kultur etwas, das einfach zum guten Ton gehört. 2-3x am Tag Zähne putzen, einmal duschen, Deo, Haarshampoo und noch vieles mehr sind nichts Ungewöhnliches. Körperpflege bedeutet aber wesentlich mehr, als einen sauberen, gut riechenden Körper zu haben. Nach einem anstrengenden Tag, an dem man sich mit vielen Menschen herumschlagen mußte, ist eine warme Dusche ein Geschenk und man fühlt sich danach wie neu geboren.

Wenn sie nicht einschlafen können, weil Ihnen noch zu viele Dinge durch den Kopf gehen, dann zünden Sie eine Kerze an. Konzentrieren Sie sich auf die Flamme. Lassen Sie sich alle Dinge des Tages durch den Kopf gehen und schicken dann alles Belastende ins Licht. Schreiben Sie sich wichtige Erledigungen auf, damit Sie im Schlaf Ihre Ruhe haben.

Um zu verstehen warum Körperpflege so wichtig ist, müssen wir erst einmal definieren, was wir als Körper bezeichnen. Wir lernen von unserem Körper, den Knochen, den Organen und Nerven, doch wußte man vor Tausenden von Jahren und heute wieder zunehmend , daß dies nur den sichtbaren Teil unseres Körpers ausmacht. Im Allgemeinen besteht unser Körper aus vier großen Energiesystemen.

Zum Einen ist das unser grobstoffliches Körpersystem mit all seinen Funktionen, wie Kreislauf, Verdauung, Nervensystem, Entgiftung und vielen anderen wichtigen Punkten, auf die wir durch unseren Lebensstil selbst einwirken können. Wir können Einfluß nehmen auf unsere Ernährung, Entspannungsphasen, Schlafrhythmus, Bewegung, Flüssigkeitsaufnahme oder auch die Entscheidung, ob wir unserem Körper Drogen, welcher Art auch immer, zuführen möchten.

Es gibt aber auch noch drei weniger bekannte, aber dennoch genauso wichtige Hauptenergiesysteme unseres Körpers. Diese drei Systeme setzen sich aus den Akupunkturmeridianen, den Chakren und der Aura (Ausstrahlung) zusammen. Durch jedes dieser Energiesysteme fließt bevorzugt unsere Lebensenergie und jedes System hat seine ihm zugeordneten Aufgaben und Funktionen. Unser Körpersystem, Akupunktur Meridiane, Chakren und Aura stehen in ständiger Verbindung.

Wenn wir uns kränklich fühlen, dann funktioniert irgendeines unserer Hauptsysteme nicht einwandfrei und Ihre Lebensenergie kann darin nicht gut genug fließen. Zuerst wird unsere Aura angegriffen, dann die Chakren und endokrinen Drüsen, weiter zu unseren Meridianen und Nervenbahnen, und schließlich macht sich das Problem in unserem grobstofflichen Körper bemerkbar. Alle diese Systeme stehen in ständigem Austausch miteinander und beeinflussen sich somit auch gegenseitig. Aus diesem Grund ist es sehr empfehlenswert, neben seinem physischen Körper , auch alle anderen Systeme zu reinigen. Was sind nun eigentlich diese drei Hauptenergiesysteme?

Akupunkturmeridiane

Dies sind Energiebahnen, welche sich nahe an der Haut befinden und sich über Ihren gesamten Körper ziehen. In diesen Bahnen wird Ihre Lebensenergie, jene Energie, die allem was lebt erst Leben einhaucht, transportiert. In allen Kulturen wird so etwas wie eine universelle Lebensenergie beschrieben. Im China heißt sie Chi oder Qi, in Japan Ki, in Indien ist es das Prana und man findet noch viele mehr. Als am 15.en Tag des zweiten Monats, nach dem Auszug des Volkes Israel aus Ägypten, das Volk aus Hunger zu klagen begann, sendete der Herr - Manna - vom Himmel um sie zu nähren. Dieses Manna wurde bei uns mit einem Fladenbrot gleichgesetzt, oder auch mit einem eßbaren Harz einer Tamariske, daß in Sinai in geringen Mengen vorkommt. Ziemlich sicher ist es aber, daß diese Manna, reine göttliche Energie war, durch die das Volk ernährt wurde. (siehe „Lichtnahrung", in der Begriffserklärung).

Es gibt 14 Meridianpaare, wobei immer ein Meridian einem Organ zugeordnet ist. Ihnen sind verschiedene Emotionen, Aufgaben, Gerüche, Farben und Elemente zugeordnet.

In China und Japan hat die Arbeit mit den Meridianen schon eine ungefähr 6000 Jahre lange Tradition, wobei es eine Vielzahl von Methoden gibt, die zur Behandlung, als auch zur Reinigung und Kräftigung eingesetzt werden.

Auf jedem Meridian befinden sich verschieden viele Akupunkturpunkte, welche alle eigene Aufgabengebiete haben. Grundsätzlich sollte Ihre Lebensenergie in allen drei Systemen ungehindert fließen können. Durch verschiedene Erfahrungen, welche Sie in Ihrem Leben machen, aber nicht zulassen wollen, oder nicht damit fertig werden, stockt Ihr Energiefluß und es entstehen Blockaden.

Wenn Sie immer wieder bei einer bestimmten Sache Ihre Lebensenergie anhalten, verstärken Sie dadurch die Blockade und dies kann in weiterer Folge zu einer Krankheit führen. Genau aus diesem Grund ist es so wichtig, daß Sie sich immer wieder reinigen, um Blockaden keine Möglichkeit zu bieten, fester zu werden und ihnen somit den freien Energiefluß versperren.

Das zweite System sind die Chakren.

Das Wort "Chakra" kommt aus dem indischen Sanskrit und bedeutet soviel wie: Rad oder drehender Kreis. Besonders in Indien gibt es eine große Anzahl von Aufzeichnungen, welche Chakren in ihrer Form, Farbe und Zuordnung genauestens beschreiben. Viele unterschiedliche Techniken wurden entwickelt um die Frequenz und die Schwingung der Chakren rein und hochfrequent zu halten. Ein stabiles Chakrensystem, ist gleichbedeutend mit einer hervorragenden Gesundheit und hoher Spiritualität.

Auch in unseren Längenbreiten sind Chakren nicht unbekannt. Gehen Sie einfach einmal in die Kirche und betrachten Sie die Decken b.z.w. Wandmalereien. Das siebente Chakra befindet sich im Bereich unserer Schädeldecke und ist der Verbindung mit der Göttlichkeit, als auch der eigenen Spiritualität zugeordnet. Viele Darstellungen von Jesu, oder anderen Heiligen, sind mit einem Kranz aus Licht, oberhalb ihres Kopfes, dargestellt. Allgemein bezeichnen wir dies als -Heiligenschein-. Es ist ein Ausdruck, daß diese Personen ein hochentwickeltes Energiesystem besitzen und eine besonders gute Verbindung zur Göttlichkeit haben.

Chakren sind kreisförmige Energiezentren, die sich nach vorne und hinten, mit zunehmender Größe, trichterförmig öffnen.

Wir sprechen von 7 Hauptchakren (gerade in diesem Jahr, werden fünf weitere Chakren hinzukommen, die weitere Fähigkeiten in uns aktivieren), die von der Wirbelsäule ausgehen. Sie reichen bis über den grobstofflichen Körper hinaus und stehen mit je einem endokrinen Drüsensystem in Verbindung. -Das fünfte Chakra steht z.B in Verbindung mit der Schilddrüse-

Jedes Chakra hat seine Zuordnungen und Aufgaben. Ihnen sind bestimmte Farben, Naturerfahrungen, Töne, Emotionen und vieles mehr zugeordnet. Ihre Frequenz, mit der sie sich drehen, bestimmt auch ihre Farbe. Wenn die Energie durch eine Blockade gestaut ist, dann beginnt sich das Chakra auch langsamer zu drehen oder fängt an in seiner Drehung zu eiern. Allgemein entsprechen die zugeordneten Farben denen des Regenbogens, also vom ersten bis zum siebenten Chakra sind diese rot, orange, gelb, grün, hellblau, indigo und violett. Je schneller sich die Chakren drehen, desto höher ist ihre Frequenz, und somit Ihre Widerstandsfähigkeit. Chakren haben auch eine bestimmte Drehrichtung, die bei Mann und Frau unterschiedlich ist. Linksdrehend beginnend bei Frauen und rechtsdrehend beginnend bei Männern, wobei sich das nächsthöhere Chakra wieder in die entgegengesetzte Richtung des vorhergegangenen dreht. So ähnlich wie in einem alten Uhrenwerk, in dem ein Zahnrad das nächste in Bewegung setzt.

Das dritte große System ist die Aura oder auch Ihre Ausstrahlung

Prinzipiell ist die Aura ein Schutzwall aus Energie, welcher unser gesamtes Körpersystem und alle Hauptenergiesysteme vor äußeren Einflüssen schützen soll. Ähnlich wie eine Eierschale das Innere des Eies schützt, so macht dies auch unsere Aura mit uns.

Einigen wenigen Kampfsportmeister, die perfekt mit ihrer Energie umgehen können, ist es sogar möglich ihre Aura so stark zu machen, daß man an ihr wie an einer Glasscheibe abprallen würde. Sie verdichten die feine Schwingung der Aura so, daß sie zu uns bekannter Materie wird, die jedermann anfassen und nicht durchdringen kann. Ähnliches kennen wir von den - Shaolin Mönchen - , die in ihren Auftritten immer wieder unglaubliche Dinge zeigen, indem sie ihre Energie ganz bewußt sammeln und auf einen Körperbereich konzentrieren.

Zum einen kann man sich die Aura wie eine große goldene Schutzhülle um unseren Körper vorstellen, die einen Durchmesser von zirka 15 Meter hat. Zum anderen ergibt sich die Aura aus den immer größer werdenden Chakren. Die erste Aurenschicht um den Körper, tritt aus dem ersten Chakra heraus und ist in diesem verankert.
Sie können sich auch vorstellen, daß noch sieben andere Körper, die immer größer werden, um unseren Sichtbaren herum sind, in verschiedenen Farben leuchten und mit der goldenen eiförmigen Schicht enden, die einen Durchmesser von 15 Meter hat.
Alle diese verschiedenen Vorstellungen ergänzen einander und haben alle Ihre Berechtigung. So wie jeder Teilnehmer einen Ausflug anders in Erinnerung hat, so gibt es auch unzählige Ansichten, je nach Wahrnehmungsfähigkeit und Ebene auf der wahrgenommen wurde, wie diese Systeme aussehen. Dennoch ähneln sie sich in den Grundzügen.

Eine einfache Übung um sich mit seiner Energie etwas vertrauter zu machen ist:

Halten Sie Ihre beiden Hände, mit den Handinnenflächen zueinandergewandt, vor Ihrem Körper. Der Abstand der beiden Handinnenflächen sollte etwa 10-15 cm betragen. Konzentrieren Sie sich auf die Mitte der Handflächen und stellen Sie sich vor, wie Ihre elektromagnetische Energie zwischen den beiden Handinnenflächen hin und her fließt.
Halten Sie Ihre Konzentration etwa 5 Minuten darauf. Danach beginnen Sie den Abstand zwischen Ihren Handflächen zu verändern, indem Sie langsam ein paar Zentimeter nach außen, dann wieder in die 10-15cm Haltung und danach etwas mehr nach innen gehen. Wiederholen Sie diese Abstandsveränderung einige Male.

Es kann sein, daß Sie gleich beim ersten Mal etwas spüren, wenn nicht, dann probieren Sie es einfach immer wieder. Wenn ich diese Übung mache, kribbelt es zuerst in den Fingerspitzen und die Handmittelpunkte werden wärmer. Wenn ich dann den Abstand zwischen meinen Hanflächen hin und her verändere, fühlt es sich an, als ob ich etwas zwischen meinen Händen halten würde. So ähnlich wie einen kleinen Luftballon, dessen Membran ich zusammendrücke und dann wieder nach außen drängt. Sollten Sie dies oder ähnliches spüren, dann fühlen Sie Ihr elektromagnetisches Feld und die Energie, die zwischen Ihren Handflächen hin und her fließt. Indem Sie diese Energie zusammendrücken und wieder loslassen, spüren Sie den feinen Widerstand, der dabei entsteht.

Wenn Sie damit schon etwas mehr Erfahrung haben, dann können Sie noch eine zweite Übung, speziell zum Erfühlen der Aura, durchführen:

Sie brauchen dazu eine/n Partner/in. Reiben Sie sich die Hände und beginnen Sie mit der zuvor beschriebenen Übung. Sie können dies auch mit Ihrem Partner machen, indem sie sich mit den bei den Handinnenflächen gegenüber aufstellen und dann gleich wie oben vorgehen. Ihr Partner könnte auch nur da stehen und Sie tasten ihn mit Ihren Händen, zirka einen halben Meter von seinem sichtbaren Körper, ab. Verändern Sie dabei den Abstand Ihrer Hände zum Körper, in einer ständigen hin und her Bewegung, um Unterschiede zu spüren.

Eine weitere Möglichkeit ist, indem Sie sich 3-5 Meter von Ihrem gegenüber stehenden Partner, entfernt hinstellen und die Handinnenfläche zu ihm richten. Dann konzentrieren Sie sich auf Ihre Handinnenfläche und gehen ganz langsam auf Ihren Partner zu. Ihre Hand kann so die Aurenschichten erspüren. Es könnte sich so anfühlen, als ob Sie beim Zugehen einen leichten Widerstand spüren, so als ob Sie die Membran einer Seifenblase durchdringen.

Experimentieren Sie einfach etwas mit diesen Übungen herum, denn so schulen Sie Ihre Wahrnehmung auf das Erspüren von Energie. Zuvor hat Ihnen wahrscheinlich niemand gesagt, daß es so etwas gibt und deshalb haben Sie sich darin auch nicht geübt. Wenn Sie zum Beispiel noch nie ein Geräusch gehört hätten, dann würden Sie sich wahrscheinlich auch nicht darum bemühen, eines hören zu können.

Ihre 7 Körper und einige energetische Vorgänge

Ich möchte dieses Thema nur kurz streifen, um Sie mit Ihrem Körpersystem etwas vertrauter zu machen. Da dies ein praxisbezogenes Buch sein soll, möchte ich nur auf die wichtigsten Dinge die Sie benötigen eingehen, empfehle Ihnen aber gleichzeitig sich etwas mehr mit Literatur über Ihr ganzes Körpersystem, zu beschäftigen (siehe Literaturverzeichnis).

Wie Sie bereits gehört haben, besteht Ihr Körpersystem nicht nur aus dem grobstofflichen Teil, den Sie auch sehen können, sondern auch aus den Meridianen, den Chakren und der Aura.
Die äußerste Schicht der Aura ist eiförmig und ist sozusagen Ihre siebente Körperschicht. Sie haben abgesehen von Ihrem grobstofflichen Körper sieben weitere feinstoffliche Körper, die jeweils von dem ihm zugehörigen Chakra ausgehen. Daher ist im ersten Chakra auch der erste Körper verankert, im zweiten Chakra der zweite Körper und so weiter. (mit den fünf neuen Chakren, sind es bereits 12 Körperschichten)

Die verschiedenen Körper haben eine mehr oder minder strukturierte Form die man sich als immer größer werdende Eischalen vorstellen kann. Der erste Körper ist am nähersten an Ihrem grobstofflichen Körper, über den sich dann in wieder etwas mehr Abstand der zweite Körper befindet. Jeder dieser sieben Körper hat seine eigene Farbe oder Farben, ist in seine Form eher strukturiert oder gasförmig erscheinend und hat seine ihm eigenen Aufgaben und Möglichkeiten.

Man kann diese sieben Körper auch in zwei Gruppen einteilen, die der niederen und hohen Körper. Dieses „nieder" und „hoch" leitet sich von ihrer Schwingungsfrequenz ab, da die ersten vier eher für die irdischen Aufgaben gedacht sind und die zweiten vier eher für himmlische Gebiete. Der vierte Körper bildet die Brücke zwischen den beiden Gruppen, da er der letzte

Körper der ersten und der erste Körper der zweiten Gruppe in einem ist.

1/ Ätherkörper
2/ niederer Emotionalkörper
3/ niederer Mentalkörper

4/ Astralkörper

5/ höherer Ätherkörper
6/ höherer Emotionalkörper
7/ höherer Mentalkörper

Warum ich Ihnen von diesen Körpern erzähle hat drei Gründe. Erstens finde ich es wichtig, daß Sie zumindest einmal gehört haben, wie unser ganzes Körpersystem aussieht, zweitens sieht man sehr gut, daß Gedanken und Gefühle sehr wohl eine Art Raum einnehmen und nach unserem Verständnis sehr greifbar sein können. Drittens können Sie sich dann besser vorstellen, wo sich die Gefühle und Überzeugungen die Sie immer wieder haben abspeichern, als auch wo man diese umprogrammieren kann (Abb.S.65). Davon werde ich später aber noch mehr erzählen.

Ich habe mich zuerst nie mit Computern anfreunden können. Jetzt bin ich aber sehr froh, daß es so etwas gibt, da ich dieses Buch gerade auf einem solchen elektronischen Speichergerät schreibe. Die Art wie so ein Computer funktioniert, hat mich nun schon mehrmals an unsere sieben Körper erinnert.

Ein Computer kann nur das machen, was sich auch irgendwo auf seiner Festplatte befindet und aktiviert ist. Durch bestimmte Programme erhält er einen gewissen Datenaufbau, aufgrund dessen er handelt. Sollen neue Funktionen ausgeführt werden, müssen diese Informationen entweder von außen geliefert werden, oder er macht sich auf die Suche nach solchen Dateien in seinem inneren Netzwerk, um diese zu aktivieren.

Man kann ihn ausmisten, indem man ihn neu strukturiert und programmiert. Das geschieht, indem man alte überholte Programme hinauswirft oder umschreibt und neues Material auf die Festplatte lädt. Gewisse Signale werden aufgenommen und gesendet. Er holt sich bestimmte Ausführungsvorgänge immer von einem für den dazu zuständigen Bereich, der mit diesen Informationen umgehen kann. Dort werden sie auch verarbeitet und abgelegt. Sehr ähnlich funktioniert unser Körpersystem. Wir können uns genauso von alten Überzeugungen freimachen, um Neue zu speichern und zu aktivieren. Es gibt verschiedene Bereich, die für gewisse Aufgaben zuständig sind und Informationen sowohl empfangen als auch weiterleiten können. Wenn Sie einmal verstanden haben, daß alles aus reiner Energie aufgebaut ist, die ständig in Bewegung ist, dann wird es Ihnen ein Leichtes sein, diese Energie aus der Sie genauso bestehen programmieren zu können. Wenn Sie ein Teil des Ganzen sind, dann können Sie auch Einfluß nehmen.

Alle diese Körpersysteme wie Meridiane, Chakren, Aura, die sieben Körper und Vorgänge in diesem Körpersystem, können erspürt, oder von hellsichtigen Personen (die Ihre Sinne geschult und geöffnet haben, und so feinere Ebenen wahrnehmen können) gesehen werden. Bei Heilverfahren werden die Beobachtungen dieser Vorgänge genützt, aufgrund derer einige Dinge des Alltags und Reaktionen von Menschen, besser verstanden werden.

Zum Beispiel färbt sich die Farbe im Emotionalkörper dunkel und grau, wenn sich eine Person unwohl fühlt. Bei Liebenden bilden sich Bänder zueinander, die bei einer Trennung plötzlich gekappt werden und der "Herzensschmerz", am Körper ist deutlich spürbar. Kleinkinder versehen ihr Spielzeug mit energetischen Bändern und weinen bitterlich, wenn ein auch noch so altes und schmutziges Spielzeug von den Eltern weggeworfen wird.

Alle diese Vorgänge, haben auch einen energetischen Hintergrund und sind alles andere als nur Einbildung oder psychosomatische Störungen.

Seien Sie bei solchen Dingen sensibel, auch wenn Sie die Zusammenhänge in der Situation nicht verstehen können. Wenn zum Beispiel eine Person ohne jeden Grund panische Angst vor Wasser hat, dann erscheint dies auf den ersten Blick vielleicht lächerlich. Nehmen wir aber an diese Person wäre in einemfrüheren Leben ertrunken und die Information hat sich in einem ihrer Körper gespeichert, dann wäre ihre Reaktion völlig verständlich. Auch wenn Ihnen die Vorstellung an eine Wiedergeburt nicht zusagen sollte, so speichern sich z.B. Informationen bereits bei Föten im Muterleib ab.

So reinige ich mein System

Da Sie nun wissen, daß Ihr Körpersystem aus mehr als nur dem sichtbaren Aspekt besteht, können Sie mit etwas Übung auch diese neuen Energiesysteme reinigen und um ein Vielfaches stabiler halten. Da diese 3 großen Hauptenergiesysteme sehr schnell und fein schwingen und natürlich auch subtiler, als die Materie die wir anfassen, sind, sollten sie mit Methoden gereinigt werden, die ihnen entsprechen. Es geht um den gezielten Einsatz und die Schulung unserer mentalen Fähigkeiten, dem Visualisieren.

Ihre Vorstellungskraft kann Berge versetzen, wenn sie diese zu gebrauchen lernen und schulen. Es ist Ihre Vorstellungskraft, die Sie verwenden, wenn Sie etwas erreichen möchten. Zuerst fassen Sie ein paar flüchtige Gedanken, dann notieren Sie sich einiges, dann setzen Sie diese Ideen um und schließlich wohnen Sie in dem geplanten Haus! Es geht darum feine Schwingungen, zum Beispiel Gedanken, so zu fokussieren, daß sie dichter werden und sich schließlich materialisieren, also erfüllen.

Oftmals benützen wir unsere Visualisationskraft unbewußt. Sie haben es sicher schon erlebt, daß Ihnen ein Bekannter von Zahnschmerzen erzählt hat und Sie sich das so gut vorstellen konnten, daß plötzlich Ihre eigenen zu schmerzen begonnen haben und das war alles andere als Einbildung. Das bedeutet also, daß sich immer etwas tut, wenn Sie Ihre Vorstellungskraft einsetzen. Vielleicht auf einer zuerst feineren Ebene, als Sie dies aus unserer Alltagsrealität kennen, aber es entsteht ganz fein ein Gefühl oder Gedankengebilde. Viel eindeutiger werden die Ergebnisse Ihrer Bemühungen dann, wenn Sie gelernt haben Ihre Fähigkeiten zu lenken und über längere Zeit Ihre Konzentration aufrecht zu erhalten. So, jetzt aber genug theoretisiert, hier einige Übungen und Methoden, wie Sie Ihr System reinigen können.

Erdung

Vor jeder Art von Energiearbeit, sei dies nun Reinigung, Visualistation oder Meditation, ist es wichtig, daß Sie sich schützen und erden! Dies ist so wichtig, damit sie mit beiden Beinen auf der Erde bleiben und sich auch nach der Arbeit wohl fühlen! Sie können sich erden, indem Sie beide Hände etwas unterhalb Ihres Bauchnabels legen und ein paar tiefe Atemzüge machen. Stellen Sie sich vor, daß sie dadurch besonders gut mit der Erde verbunden sind, oder sie können sich mit Ihrer Vorstellung auch Wurzeln aus Ihren Füßen in die Erde wachsen lassen.

Wenn Sie der Erde etwas Gutes tun möchten, dann stellen Sie sich vor, daß Sie sich auf einer Ebene erden, auf der es unserer Erde besonders gut geht, und Sie ihr somit nicht schaden können. Sollte Ihnen das zu viel sein, dann bitten sie einfach um Hilfe (siehe S.38).

Reinigung

Die Reinigung beginnt bereits bei Ihrem grobstofflichen Körper.

· Um Ihr System von Alltagseinflüssen zu reinigen, ist eine warme Dusche oder ein Bad sehr empfehlenswert. Das warme Wasser löst den Schmutz, der sich im Laufe des Tages angesammelt hat auf verschiedenen Ebenen. Warmes Wasser öffnet Ihre Chakren und läßt die Energie wieder fließen, kaltes Wasser schließt die Chakren dann wieder.

· Trinken Sie viel reines Wasser, da Wasser das Transportmittel für Ihre Lebensenergie ist. Es reinigt und führt Ihnen somit ausschließlich Energie zu, da es vom Körper nicht wie andere Getränke oder Speisen in seine Bestandteile zerlegt werden muß. Bedenken Sie, daß Sie zu mehr als 70% aus Wasser bestehen und Wasser die Basis für Ihr Lymphsystem, Gewebe, Harn und vieles mehr darstellt. Um mit vielen Alltagsanforderungen zurechtzukommen, sollten Sie als gesunder Mensch 3 Liter Wasser zu sich führen, damit Ihre Energie gut fließen kann und keine Angriffsfläche für äußere Einflüsse geboten wird. Unterschätzen Sie niemals die enorme Kraft des „normalen" Wassers.

· Gönnen Sie sich öfters einmal Bewegung und Spaziergänge in unberührter Natur, z.B.: einem Wald oder Fluß. Atmen Sie diese frische energiegeladene Luft tief und bewußt ein. Lassen Sie Ihre Energie in Ihrer Aura bewußt zirkulieren, als ob goldene helle Nebelschwaden Sie umgeben und Sie reinigen, als auch die Energie ins Fließen bringen.

Bitten Sie bei allen Reinigungen die Sie machen, daß die „verschmutzte Energie" dem Licht übergeben wird, damit sie dort gereinigt wird. So wie Sie es andern Menschen nicht zumuten möchten Ihren Hausmüll zu beseitigen, so sollten Sie andere Menschen auch nicht mit Ihren verschmutzten Energien belasten. Aus diesem Grund ist es so wichtig, mit diesen Energien sorgsam und verantwortungsbewußt umzugehen.

- Reinigen Sie Ihre Bettwäsche öfters mit einer Hand voll Salz, da Salz eine enorme Speicherkraft besitzt und Sie somit schweren Ballast, den Sie beim Träumen aufgefangen haben, wieder aus der Bettwäsche entfernen können. Auch bei einem Bad oder einer Dusche empfiehlt sich Salz zu verwenden, um Ihr Energiesystem zu reinigen.

- Bitten Sie darum, daß Sie ihr Energiesystem reinigen möchten und atmen Sie tief ein. Stellen Sie sich vor bei jedem Einatmen fließt ein goldenes Licht über Ihren Kopf in Ihr gesamtes Körpersystem, die Aura, und reinigt alles, was sich darin befindet. Beim Ausatmen wird das goldene Licht in Ihrer Aura ganz hell. Alle Schwingungen die Sie nicht mehr benötigen, werden nach oben, aus Ihrem System heraus ins Licht gezogen und aufgelöst.

- Eine weitere Möglichkeit ist die Reinigung durch Feuer. Am besten geeignet ist ein Lagerfeuer, aber eine Fackel, oder ein paar Kerzen in der Wohnung, tun es auch. Hierbei wird Ihr Energiefeld durch die Flamme gereinigt und wieder hin zum Licht aufgelöst. Denken Sie einfach an die Reinigung Ihres Energiefeldes und erfreuen Sie sich an der Wärme und dem Licht der Flamme.

- Nützen Sie auch die Kraft des Mondes! Bei abnehmenden Mond können Sie alles machen was mit Reinigung und Abnehmen zu tun hat und bei zunehmenden Mond eben die Prozesse, die Sie kräftigen möchten.

Es gibt unzählige Methoden um Ihr Körpersystem rein zu halten und es zu reinigen. Im Laufe dieses Buches werde ich Ihnen noch einige bewährte Möglichkeiten aufzeigen, damit Sie sich verschiedene auswählen können.

So kann ich mich schützen

Um erst gar keine Störschwingungen in Ihr Körperfeld einzulassen, ist es nötig, daß Sie sich schützen können. Der Schutz ist die Basis für jede Art von Energiearbeit! Ob Sie nun meditieren, Visualisationsübungen mache, oder aktiv Ihr Körpersystem reinigen, immer steht der Schutz an erster Stelle, damit Sie von jeglichen Einflüssen geschützt sind. Wie wir bereits besprochen haben, hat jeder Mensch eine Aura, in der all Ihre Erfahrungen gespeichert sind und die Sie vor Fremdeinflüssen schützen soll. Durchschnittlich hat Ihre Aura einen Durchmesser von ungefähr 15 Meter. Dies wiederum bedeutet, daß Sie mit dem Energiefeld einer anderen Person und sämtlichen Informationen, die darin gespeichert sind, aus einer Entfernung von 15 Meter, in Kontakt stehen.

Sicherlich haben Sie schon einmal jemanden gesehen, der Ihnen ohne bestimmten Grund bekannt und sympathisch vorkam, ohne daß Sie diese Person kannten. Oder Sie fühlten sich unwohl in der Gegenwart einer Person, ohne zu wissen warum. Sie treffen einen Bekannten, der sich gerade mit jemanden gestritten hat und Sie fühlten sich auf einmal ohne ersichtlichen Grund wütend oder traurig. All dies sind Erfahrungen und Informationen, die Sie über Ihr feines Energiefeld wahrnehmen, da Sie mit anderen in Kontakt treten.

Um nun nicht ständig mit diesen Fremdschwingungen bombardiert zu werden, da Sie diese bewußt oder unbewußt von anderen wahrnehmen, ist es nötig das System zu schützen. Da Sie sich nun keine Ziegelwand um sich herum bauen können, und das auch nichts nützen würde, da Ziegelsteine aus grobstofflicher und diese Fremdschwingungen aus feinstofflicher Energie bestehen, müssen Sie Ihren Geist benützen. Kraft Ihres Geistes und Ihrer Visualisationsfähigkeit haben Sie die Möglichkeit verschiedene Dinge, vor Ihrem geistigen Auge entstehen zu lassen.

Es ist so als ob ich sagen würde: „Stellen Sie sich unter gar keinen Umständen einen rosa Elefanten vor", so werden Sie sich wahrscheinlich einen rosa Elefanten vorgestellt haben, den ich Kraft meiner Worte in Ihrem Geist entstehen ließ.

Alle Erfindungen dieser Welt haben bereits vor ihrer Weltpremiere in den Köpfen ihrer geistigen Väter in jedem kleinen Detail bestanden. Der Erfinder mußte jetzt nur mehr diese Erfindung mit grobstofflichen Materialien bauen. Wenn Sie sich etwas vorstellen und das noch dazu ganz konzentriert, bewußt und gezielt, dann verwirklicht sich dies auch auf verschiedenen feineren Ebenen, bis es dann so verdichtet ist, daß es grobstofflich wird. Eben die Dinge, welche wir als real anerkennen, weil wir sie anfassen können. Doch ist ein Atom weniger real, nur weil wir es nicht mit der uns bekannten

Methode anfassen können, oder gibt es kein ultraviolettes Licht, nur weil wir es nicht sehen? Lernen Sie Ihre Vorstellungskraft gezielt einzusetzen und Sie werden Ihre eigene Realität erweitern und mitbestimmen. Und genau das ist nötig um sich und sein gesamtes Körpersystem zu schützen. Da uns geometrische Figuren sehr vertraut sind, eignen sie sich sehr gut um unseren Schutz zu bauen. Es gibt viele Formen, doch die perfekteste ist sicherlich die Kugel. Wenn sie es nicht wäre, dann hätten unsere Planeten sicher eine andere Form! Also setzen Sie sich ruhig hin und kommen erstmals zu Ruhe. Erlauben Sie sich selbst alle Anspannung loszulassen und atmen Sie tief ein und aus. Stellen Sie sich eventuell die vorher beschriebene „Lichtdusche" vor um sich zu reinigen.

Bitten Sie nun um die Hilfe Ihres Schutzengels, falls Sie damit nichts anfangen können, bitten Sie etwas was ihnen Freude bereitet, um Unterstützung. Dann konzentrieren Sie sich auf das sechste Chakra, das zwischen Ihren Augenbrauen liegt und vor allem auf den gleichen Punkt auf der Rückseite Ihre Kopfes. Diese Region ist für die willentliche Schaffung von Dingen zuständig.

Stellen Sie sich Ihren Körper vor und beginnen Sie damit, diesen in eine Kugel aus goldenem Licht zu stellen, so daß er sich in der Mitte dieser großen Kugel befindet. Sie können sich die Kugel auch um sich herum vorstellen und sie betrachten.

Machen Sie dies solange wie Sie möchten und bis Sie das Gefühl haben wirklich dort drinnen zu sein. Dies ist nun Ihre Schutzkugel, die Sie vor allen Fremdeinflüssen schützt. Programmieren Sie diese Kugel, durch Sprache oder Vorstellung, darauf nur positive und hilfreiche Schwingungen herein zu lassen, wobei negative nicht einmal in die Nähe dieser Kugel kommen können.

Stellen Sie sich vor, daß in dieser Kugel ständig frische Energie zirkuliert und ständig in Bewegung ist, um Ihren Energiefluß zu reinigen und zu unterstützen. Alle negativen Schwingungen, welche Sie selbst erzeugen, sollen gleich von Ihrer Schutzkugel hinaus und hinauf ins Licht ausgeschwemmt werden. Sie können Ihre eigene Schutzkugelfarbe wählen, oder noch andere Wünsche hineinlegen, ohne natürlich anderen schaden zu wollen. Seien Sie experimentierfreudig und probieren Sie aus, womit Sie sich wohl und geschützt fühlen.

Seien Sie sich bewußt, daß Sie ab dem Moment, wo Sie Ihren Schutz aufgebaut haben, ständig von dieser Kugel umgeben und auch geschützt werden! Denken Sie öfters an Ihren Schutz und stärken Sie ihn mit Ihren Gedanken und Ihrer Visualisationskraft. Jedesmal wenn Sie daran denken, stärken Sie Ihre Schutzkugel und machen sie dadurch noch kräftiger und wirkungsvoller. Auch wenn Ihnen dies etwas merkwürdig vorkommen sollte, zweifeln Sie nicht an der Wirkung und den Effekt, den Sie spüren werden. Diese Form des Schaffens ist sehr kräftig und bietet Ihnen sehr viele Möglichkeiten, bewußt mit Ihren Energien umzugehen und sie zu schützen.

Sie stehen ständig in Kontakt mit einer Anzahl von Schwingungen und dieser Schutz bietet Ihnen die Möglichkeit sich die für Sie am besten geeigneten auszuwählen. Ob Sie nun an so etwas glauben oder nicht, Sie werden von diesen Fremdschwingungen bewußt oder unbewußt ständig beeinflußt und aus diesem Grund ist es sehr hilfreich so einen Schutz zu haben. Sie können Ihren Schutz und viele Dinge des Lebens um ein Vielfaches leichter bewältigen, wenn Sie bewußt um Hilfe bitten und diese auch annehmen wollen! Aktivieren Sie Ihren Schutz bewußt vor anstrengenden Situationen.

Wer kann mir dabei helfen?

Wenn Nachrichten davon berichten, daß ein Baby aus dem achten Stock eines Hauses gefallen ist und sich nur den Arm verstaucht hat, dann sprechen wir von einem Schutzengel, der seine schützende Hand ausgestreckt hat. Auch in der Werbung, sehen wir heute wieder mehr Spots mit den Helfern aus einer anderen Welt, die mit einem Heiligenschein und Flügeln ausgestattet, uns im Leben hilfreich zur Seite stehen. Nicht um sonst hören wir immer wieder von Engeln und Schutzwesen, denn sie stehen uns immer mit Ihrem liebevollen Wesen zur Seite. Von dem Zeitpunkt an dem wir beschließen wieder auf die Erde zu wollen, wird uns ein ganz persönlicher Schutzengel zur Seite gestellt, der uns begleitet, leitet und hilft. Es gibt auch noch andere Lichtwesen, die uns je nach Wichtigkeit der momentanen Situation helfen oder unterrichten. Diese

Lichtwesen helfen uns zwar, sie könnten aber viel mehr machen, wenn wir sie um ihre Hilfe bitten. Jeder Mensch hat seinen freien Willen und genau diesen wird ein Lichtwesen niemals verletzen.

Das bedeutet nicht, daß sie uns in Notsituationen nicht von selbst helfen, sondern daß sie, vorausgesetzt es ist für alle Beteiligten zum höchsten Wohl, uns immer helfen wenn wir sie um etwas bitten. Sie könnten darum bitten, daß sie Ihr Körpersystem reinigen und auffrischen, wenn Sie sich müde fühlen, oder um eine sichere Autofahrt, eine positive Aussprache mit einem Menschen, oder einen neuen Freund, der einem weiterhelfen kann. Die Möglichkeiten sind dabei unbegrenzt. Es ist die Aufgabe eines Engels uns zu helfen, und es ist wunderbar für beide.

Sprechen Sie mit Ihnen wann Sie es möchten, sehen Sie als Freunde, mit denen man durch dick und dünn gehen kann. Sie werden Ihr Leben bereichern, da Sie nie mehr alleine sein werden, denn sie waren und sind auch immer da. Vor kurzem fuhren meine Frau und ich auf einer sehr schneeverwehten und eisigen Fahrbahn um das Mittagessen abzuholen. Es war die einzige Straße, die dorthin führte und so baten wir unsere Schutzengel, daß sie uns sicher hinbringen sollten. Obwohl es rutschig war, kamen wir trotz steiler Straße sicher an und holten unser Essen ab. Wir wußten, daß die Rückfahrt schwieriger sein würde, da es nun eher bergauf ging. Alles ging sehr gut bis wir zum steileren Teil kamen, auf dem wir auch prompt ins Rutschen kamen und nicht weiter konnten. Wir probierten es einige Male und zogen es schon in Erwägung umzukehren, als wir von oben einen Schneepflugtraktor kommen sahen, der uns das kleine steile Stück freischaufelte. Wir freuten uns sehr darüber, da dies eine annähernd nicht befahrene und sehr abgelegene Straße war, auf der wir keinen Schneepflug erwartet hätten. Zusätzlich wurden wir an ein Seil aus Licht gebunden, das uns sicher die Straße hinauf zog. Solche Erlebnisse stimmen einen sehr fröhlich und zuversichtlich, weil sie einem die Liebe und Fürsorge, die uns zukommt, spüren läßt. Es gibt natürlich Richtlinien und Gesetze als auch freie Entscheidungen, die wir vielleicht vor unserem Leben getroffen haben, welche es nicht zulassen, daß uns Lichtwesen in bestimmten Situationen helfen können, so wie wir es uns erhoffen. In solchen Situationen stehen sie uns mit viel Liebe und Wärme zur Seite, wenn wir fähig sind dies auch zuzulassen und annehmen.

So richte ich mich neu aus

Wenn ich den Entschluß getroffen habe mich weiterzuentwickeln und an mir zu arbeiten, dann stelle ich mir die Frage, wohin ich eigentlich gehen möchte.

So wie Sie eine bestimmte Telephonnummer anwählen müssen, um mit dem gewünschten Gesprächspartner in Kontakt zu treten, so ist es auch möglich Ihr Energiesystem zu programmieren um gewisse Erfahrungen und Menschen anzuziehen und somit mit ihnen in Kontakt zu treten. Sie können sich das so vorstellen, als ob Sie auf der Suche nach einem bestimmten Programm im Radio sind. Zuerst müssen Sie sich überlegen wohin Sie möchten, danach müssen Sie auf dem Frequenzband des Radios die richtige Frequenz einstellen, damit Sie diesen Sender auch empfangen und wenn das Funksignal der Radiostation Ihren Radioempfänger dann erreicht, können Sie das gewünschte Programm auch hören. Klingt kompliziert, ist aber jedem ein gut vertrauter Vorgang. Ganz ähnlich verhält sich das mit Ihrem Körpersystem.

Ihr Körpersystem kann sowohl Schwingungen empfangen, als auch senden. Je nachdem wie groß Ihr Frequenzbereich ist, desto mehr und besser können Sie empfangen oder auch senden. Es gibt den Ausspruch: „Mit sich selbst im Einklang stehen". Dies ist eines der wichtigsten Dinge, denn wenn Sie mit sich selbst im Einklang stehen, dann stehen Sie mit dem gesamten Universum, sogar mit der gesamten Schöpfung im Einklang. Aus diesem Grund ist es wichtig sich nach der Schwingung der Schöpfung auszurichten. Da man mit sich selbst im Einklang steht, als auch die Möglichkeiten sich weiterzuentwickeln und sein volles Potential zu nützen gegeben sind. Ich möchte an dieser Stelle auf ein wundervolles Buch von José Silva verweisen, mit dem Titel: "Schlüssel zum Inneren Heiler" (Heyne) , in dem sehr kraftvolle und schöne Programmierungstexte stehen, welche einem dabei helfen sich wieder nach dem "göttlichen Radiosender" auszurichten.

Im Grunde geht es darum einen Wunsch zu verfassen, sich zu entspannen und diesen dann an die entsprechende Adresse zu schicken. Wenn man diese Wünsche in sehr konzentrierter Form ausdrückt, mit Bitte um die Hilfe der Lichtwesen und diese öfters am Tage mit einer Handlung verbindet, dann ist dies eine sehr kräftige und gezielte Ausrichtung seines Energiefeldes. Somit können Sie mit diesen neuen Energiefrequenzen in Verbindung treten.

Sie steht mit den Energieschwingungen in Kontakt und somit auch in Resonanz, mit denen Sie sich befassen. Also Dinge an welche wir denken, was wir fühlen, was wir uns vorstellen, was wir befürchten, hoffen, was wir sehen, hören oder in welcher Form auch immer wahrnehmen.

Selbst mit den Dingen die wir nicht bewußt wahrnehmen stehen wir in Kontakt, wenn wir nicht damit beginnen uns gezielt nach etwas auszurichten. Sich neu auszurichten, bedeutet also sich der alten Ausrichtungen bewußt zu werden, dieser Kraft meiner Gedanken, meiner Bitte an Lichtwesen, als auch durch neue Ausrichtungen zu reinigen und zu entfernen. Danach können Sie sich auf die neuen Absichten und Adressen konzentrieren. Sich mit ihnen zu befassen, also mit diesen Schwingungen in Resonanz treten. Setzen Sie neue Ausrichtungen bewußt mit Alltagshandlungen in Verbindung, als auch in meditativer Form.

Wenn Sie einen Wunsch verwirklichen möchten, müssen Sie sich ganz bewußt machen, was und wohin Sie eigentlich möchten. Umso klarer Ihre Ausrichtung ist, desto genauer kann Ihre Umwelt darauf reagieren. Nehmen wir an Sie möchten sich Ihren Traum erfüllen und Geschichtenerzähler werden. Nun können Sie sich überlegen welchem Puplikum und in welchem Rahmen Sie das tun möchten. Was bewegt Sie dazu dies machen zu wollen? Diese Frage kann Ihnen dabei helfen Ihre Motive zu erkennen, womit Sie wiederum Ihren Wunsch genauer formulieren können. Außerdem sollten Sie nicht außer Acht lassen, daß Sie damit auch genügend Geld verdienen möchten, um davon gut zu leben. Schreiben Sie einfach alle Aspekte auf.

Verwenden Sie die 9 Punkte Verwirklichungstabelle und halten Sie sich an die universellen Gesetze (beide finden Sie in den nächsten Kapiteln). Sehr wichtig ist, daß Sie sich zuerst entspannen und einstimmen. Setzen Sie Ihre Vorstellungs-zentren (sechstes Chakra), als auch Ihre höchste Kreativität ein, um einen guten Empfang, als auch einen guten Sendebereich für sich selbst zu ermöglichen. Formulieren Sie Ihre Neuausrichtungen klar, eindeutig und in Bildern, da dies die Sprache ist, auf die Ihr Gehirn am stärksten anspricht! Richten Sie diese gezielt an ihren Bestimmungsort. Hier noch eine kurze Beschreibung, wie eine solche Neuausrichtungsformel lauten könnte.

Liebe Mutter & Vater Schöpfer Gott, ich bitte darum, daß sich mir meine Lebens-aufgabe jetzt klar und bewußt zeigt und ich den für die Verwirklichung dieser Aufgaben nötigen Personen begegne.
So sei es, Danke.

Projekte und Wünsche verwirklichen

So wie Sie sich neu ausrichten, können Sie auch Ihre Wünsche und Projekte verwirklichen. Die Vorgehensweise ist im Prinzip die selbe, nur das man sich hier auf eine einzelne, ganz bestimmte Sache ausrichtet um in diesem Aspekt Ihres Lebens etwas zu bewirken. Ich habe für Sie einige wichtige Punkte zusammengeschrieben, die Ihnen als Richtlinie und Anregung dienen soll.

1/ Öfters daran denken und sich darüber freuen, als ob es schon eingetreten wäre.

2/ Sich das Gewünschte in Bildern, Farben, Gerüchen, Gefühlen und Tönen vorstellen, bis es ganz real ist. Jetzt ist es bereits geschehen, fühlen Sie wie es sich anfühlt und freuen sie sich darüber.

3/ Wenn Sie es in Worte fassen, sollte es kurz und eindeutig sein, ausschließlich positiv verwendete Ausdrücke, also keine Formulierungen von dem was Sie nicht möchten. Formulieren sie es so als ob es schon eingetreten wäre. Verbinden Sie es immer mit Entspannung und Bildern (S.70), gut sind auch Rauch, Gesang, Tanz, Bewegung, aktive Handlungen.

4/ Verbinden Sie die Formulierung mit einem Alltagsereignis und binden es so öfters in ihre Wirklichkeit ein.

5/ Bitten Sie Ihre 'unsichtbaren Freunde' um Unterstützung und Hilfe.

6/ Denken Sie nach den Ausführungen ihres Wunsches positiv und mit einer optimistischen Haltung – Gedanken wie „das wird ja sowieso nichts", wirken der Erfüllung entgegen. Erwarten Sie, daß es sich bald erfüllt.

7/ Befassen Sie sich mit dem Inhalt Ihres Wunsches, handeln und denken Sie öfters so, als ob Sie es bereit aus der verwirklichten Position heraus machen würden. So bringen Sie sich in Resonanz mit dem was Sie möchten. Entspannen Sie sich und gehen sie in den Alpha Zustand (siehe S.70)

8/ Machen Sie sich bewußt, daß Sie mehr sind als das was Sie sehen oder von sich denken. Machen Sie sich frei von allen Begrenzungen Ihres Seins und erfahren Sie sich als alles das, was sie wirklich sind; ein freies multidimensionales Schöpferwesen. Schaffen Sie aus dieser Position heraus ihre eigene Realität auf dieser Ebene.

9/ Schaffen Sie sich mit ihrer Vorstellungskraft reale Räume für verschiedene Anlässe und agieren sie aus diesen Räumen heraus, zum Beispiel aus einem multidimensionalen Verwirklichungsraum aus dem Sie alles was in ihrer Realität passieren soll besonders gut schaffen können, oder in einen Raum in dem Sie die 100%-ige Konzentration immer aufrecht erhalten können.

Diese Punkte können dabei helfen, sich eine Vorstellung davon zu machen, wie Sie dieses neue Wissen auch praktisch anwenden können. - Eine genaue Anleitung finden Sie auf Seite 70! -

Falls Sie sich entscheiden ein Projekte oder einen Wunsch in einer besonderen Form zu fördern, dann können Sie dies neben den neun Punkten auch noch mit Hilfsmitteln machen. Hilfsmittel sind eine Art Verstärkung, die zusätzlich als Vermittler und Transportmittel für Ihr Vorhaben dienen. Ich zeige Ihnen hier einige Hilfsmittel auf und warum gerade diese Sie unterstützen:

1/ Räucherwerk – Rauch galt schon immer als Vermittler zwischen der festen und der feinen Welt und läßt somit Ihre Wünsche und Projekte dem Himmel entgegen steigen, um verwirklicht zu werden. (z.B: Weihrauch, Myhrre...)

2/ Singen und Tönen – Den Wunsch in von Ihnen erzeugten Tönen zu transportieren, kann sehr kraftvoll und auch schön für Sie sein, indem Sie der Schwingung Ihre Stimme verleihen und Ihr Ton über Obertöne, wie auf einer Treppe, nach oben getragen wird.

3/ Tanzen – Durch Ihre Bewegung und Freude, wird etwas in Gang gesetzt, nämlich Ihr Anliegen, und gleichzeitig verleihen Sie ihm durch Ihre körperliche Handlung eine Verbindung zur festen Welt, in der sich Ihr Wunsch verwirklichen soll. Auch Trommeln ist eine tolle Manifestationsart.

4/ Malen, schnitzen oder zeichnen Sie Ihr Anliegen und übergeben es dann der Manifestationskraft des Feuers.

5/ Wenn es etwas sehr Wichtiges ist und Ihr Leben stark beeinflussen soll, dann schreiben Sie es in einem Buch in schöner Schrift auf und übergeben dieses Buch im Gedanken und aus vollem Herzen Ihrem Schutzengel, mit der Bitte, daß sich dies, wenn es zu Ihrem höchsten Wohle und dem anderer dient, Jetzt verwirklicht.

Egal ob Sie die neun Punkte, diese 5 Hilfsmittel, oder beide verwenden, wenn Sie eine neue Schwingung in Ihr Leben bringen wollen, dann tun Sie das immer aus vollem Herzen, entspannt und in Alpah. Neben den eigenen Bemühungen können Sie auch eine Bitte an Ihren Schutzengel oder ein anderes Lichtwesen richten, um Ihnen zu helfen.

Möglichkeiten, wie ich meine Gesundheit aufrecht erhalte & fit bleibe

Die wichtigsten Punkte in der Übersicht

Atemübungen

Körperübungen

Ausreichend Wasser

Passende Ernährung & langes Kauen

Ruhephasen & Meditation

Reinigung des gesamten Körpersystems

Rasches Agieren bei Unausgewogenheiten

Ausreichend Schlaf, kombiniert mit seinem Schlafrhythmus

All diese Punkte stellen die Grundlage für ein vitales und gesundes Leben dar, indem Sie es genießen können, ein Mensch zu sein. Grundsätzlich bedarf es nicht all zu viel um Ihre Gesundheit aufrecht zu erhalten. Sie sollten Ihren Körper und Ihr ganzes System rein halten und reinigen. Achten Sie auf die Impulse, die Ihnen Ihr Körper zukommen läßt, um darauf einzugehen, als auch die nötigen Maßnahmen zu ergreifen.

Als Faustregel gilt dem Körpersystem das zu geben, was es im Moment gerade benötigt. Das heißt zum Beispiel, wenn Sie sich müde fühlen, dann schlafen Sie etwas, wenn Sie ein leichtes Kratzen im Hals spüren, dann trinken Sie viel Wasser, gönnen Sich Ruhe und Schlaf, schicken Ihrem Hals viele gute und gesunde Vorstellungen und bitten um Reinigung.

Lassen Sie nichts anstehen, denn meist verschlechtert es sich, wenn Sie es einfach ignorieren. Wenn Sie es doch einmal übersehen haben, dann empfehle ich alles oben genannte, als auch Kräuterteemischungen, Aromaöle und Edelsteine. Besonders wirkungsvoll und kräftig sind die Rostock-Essenzen. Diese Essenzen beinhalten die hoch potenzierte Heilschwingung von Edelsteinen (die stärksten und reinsten Essenzen, die es zur Zeit überhaupt gibt). Aufgrund meiner eigenen Erfahrungen, meiner Praxistätigkeit, wirken die Rostock Essenzen sehr schnell und effektiv, indem sie den Energiehaushalt wieder regulieren und somit eine wunderbare Unterstützung bieten. (siehe im Seite.108 des Buches). Überlegen Sie sich, ob chemischen Medikamente wirklich schon notwendig sind – denn es könnten Nebenwirkungen auftreten. Hören Sie auf Ihre innere Stimme, welche Ihnen aber auch sehr wohl sagt, wenn der Weg zu einem Arzt oder Therapeuten dringend nötig wird. Lassen Sie sich auch ruhig mal vom Arzt durchchecken, um Sorgen über eventuelle Krankheit zu vermeiden.

Aus eigener Erfahrung, weiß ich, daß sehr viele Probleme erst gar nicht auftreten würden , wenn wir die Signale unseres Körpers und die unseres Befindens beachten würden. Sie können Ihrem Körper einfach das geben, was er gerade benötigt um wieder ins Gleichgewicht zu kommen. Selbst schon deutlich spürbare Unausgewogenheiten, können mit Konsequenz und Unterstützung von Essenzen ohne größere Probleme selbst behoben werden. Die natürlich beste Möglichkeit von allen, ist sich sein Körper - Seele - Geist System so stark zu machen, daß uns keine, auch noch so kleinen

Unausgewogenheiten etwas anhaben können. Erstmals ist dafür unser Schutz notwendig, damit keine Verunreinigungen oder Krankheitserreger von außen unsere Gesundheit beeinträchtigen. Dann sollten wir unseren **Körper trainieren**, damit er stark und vital ist und somit flexibel für größere Anforderungen. Etwas Dehnen, leichtes Krafttraining ohne irgendwelche Geräte, ein wenig Ausdauer und dann noch feinere Übungen, wie Tai Qi, oder kinesiologische Überkreuzungsübungen, reichen völlig aus und bringen sowohl Ihrem Körper, als Ihrem körperlichen Wohlbefinden einen beträchtlichen Gewinn, ohne enormen Zeit oder auch Kostenaufwand.

Einer der wichtigsten Punkte ist, dem Körpersystem genügend Wasser zuzuführen, denn er braucht dieses Wasser, um die Energie, die sich in Ihrem Körpersystem befindet, weiterzuleiten. Viele Therapien wären effektiver, wenn die Leute genug Wasser trinken würden, denn wenn ich Energie gut zum Fließen anrege, aber kein Transportmittel vorhanden ist, scheitert jeder Ansatz.

Genügend Wasser bedeutet 3 Liter pro Tag, damit ein gesunder Mensch mit allen Alltagsanforderungen zurecht kommt, ohne eine Blockade aufzubauen, was passieren würde, wenn der Energiefluß zu stocken beginnt. Es reicht hierbei ganz normales, reines Leitungswasser, da andere Getränke wieder Aufspaltungenergie benötigen würden, um genutzt zu werden. Ein weiteres Thema, dessen Wichtigkeit häufig unterschätzt wird, ist Ihre **Atmung**. Im fernöstlichen Bereich bedeutet Atem Leben und je weniger schnell und bewußter wir atmen, desto länger und bewußter leben wir.

Bauchatmung:

Setzen Sie sich immer wenn Sie daran denken hin und atmen Sie einige Atemzüge langsam und tief aus dem Bauch heraus.

Am besten durch die Nase und in einer fließenden Weise, als ob Sie geatmet werden, ganz ruhig, aber dennoch tief. Gerade in aufregenden oder ärgerlichen Situationen, sollten Sie auf Ihren Atem ganz bewußt achten. Sie können Ihr Wohlbefinden und Ihre Reaktion damit sehr leicht und effektiv wieder ausgleichen. So werden Sie um einiges leichter mit der Anforderung fertig. Besonders bei Ängsten und Panik, hat es sich als sehr hilfreich erwiesen, ganz gezielt das Atemvolumen zu steigern und somit ein tieferes Atmen ermöglichen, welches Erleichterung verschafft.

" **Ich bin, was ich esse**"– so ähnlich verhält es sich mit der Nahrungsaufnahme. Jedes Nahrungsmittel hat seine eigene Lebensgeschichte, die in irgend einer Form auch in diesem Nahrungsmittelgespeichert ist. Deshalb sollten wir auch beim Essen achtgeben, womit wir uns in Resonanz begeben. Es gibt viele Ernährungsmethoden, doch die richtige Art der Ernährung, können nur Sie selbst herausfinden. Wie schmeckt etwas für Sie, fühlen Sie sich gut, nachdem Sie es gegessen haben, sind Sie müde danach, oder fühlen Sie sich, als ob sie Energie erhalten hätten. Kauen Sie vor allem sehr gut und lange, da Sie die Nahrung so viel besser verdauen können. Außerdem benötigen Sie so kleinere Portionen. Obst benötigt z.B nur eine halbe Stunde um verdaut zu werden, deshalb sollten Sie es gesondert essen, damit es nicht länger als nötig im Magen bleibt.Ruhepausen sind immer dann angebracht, wenn Ihre Energie abfällt. Sind Sie müde und matt, dann ist es Zeit für Ruhe. Scheuen Sie sich nicht davor am hellichten Tag ein kurzes Nickerchen zu machen. Wenn Ihr Körper danach verlangt, dann paßt es auch. Oft bringen 10-20 Minuten dieses Schlafes mehr, als 10 Stunden eingeplanter.

Erlauben Sie es sich selbst, einmal am Tag ganz zur Ruhe zu kommen. Setzen Sie sich irgendwo hin, wo Sie Ruhe haben und lauschen Sie in die Stille. Es ist eine Art Ausklinken aus dem Alltag und ein Zuhören und Erspüren, was einem die innere Stimme sagen will. Alle Töne und Worte kommen aus der Stille und Sie können in der Stille einfach Sein. Diese Stille ist sehr kräftig und oft fällt es uns am Anfang schwer diese Stille auszuhalten. Doch wahrscheinlich gerade deshalb, weil sie uns sagt wer wir sind und das es in Ordnung ist einfach nur zu sein. Ohne etwas zu tun, zu machen oder zu erhoffen. Einmal am Tag sollten wir uns Zeit nehmen um unsere ungeteilte Aufmerksamkeit uns selbst zukommen zu lassen.

Reinigung ist nicht nur für unseren grobstofflichen Körper wichtig, sondern für alle unsere Systeme. Unseren grobstofflichen Körper reinigen wir mit Wasser und anderen Pflegemethoden, wobei wir unseren feinstofflichen Körper eben mit geistigen Methoden reinigen müssen.

Hier noch etwas besonders Wichtiges für Ihren Körper:

Versuchen Sie nicht nur einem Idealbild zu entsprechen, denn dies könnte Ihrem Körper schaden. Meist sagt Ihnen Ihr Körper, was er benötigt.Wenn Sie sich z.B: rein pflanzlich ernähren, aber ständig Lust auf Fisch haben, dann ehren Sie das Tier und essen auch mal Fisch, oder wenn sie aus spirituellen Gründen Sexualität ausschließen, aber dennoch oft den Drang nach einem Partner verspühren, dann leben Sie diesen Drang. Es ist eine Sache gewisse Regeln zu befolgen, aber eine andere, seine tief von Innen kommenden Bedürfnisse zu verleugnen. Sich nach Idealen auzurichten kann gut sein, wenn Sie aber noch nicht so weit sind um auch so zu leben, wie Sie es sich gedacht haben, dann schaden und mißachten Sie sich selbst. Irgendwann ist es Ihnen dann nicht mehr möglich Ihrem selbst gestellten Ideal zu entsprechen, was Sie zwangsläufig entzweit und scheitern läßt. Versuchen Sie so ehrlich wie möglich zu Ihnen selbst zu sein und wachsen Sie daran. Für alle die Ihre Ideale dennoch zu hoch stecken, sei gesagt, daß Sie Ihr Selbst erst dann ablegen können, wenn Sie auch eines gelebt haben.

Weitere Reinigungsmethoden für Ihr Körpersystem:

· Warmes Bad (Fußbad) mit Salz, Aromaölen, Honig, Milch.

· Lichtdusche mit goldenem Licht in die Schutzkugel bitten und alle Körpersysteme reinigen lassen und bedanken. Sie können sich die Reinigung bildlich und strahlend in Ihrer Form vorstellen.

· Stellen Sie sich einen goldenen Fluß aus Licht vor, der ständig in fließender Bewegung ist. Denken Sie an Ihre Meridiane, an Ihre Chakren und an Ihre Aura, und bitten darum, daß all diese Systeme ausgeglichen und kräftig fließen und somit Ihr gesamtes Körpersystem rein, gesund und energiegeladen halten. Stellen Sie sich den goldenen Fluß so lange vor, bis Sie das Gefühl haben, daß alle Ihre Systeme damit in Kontakt stehen und sowohl ausgeglichen, als auch energiegeladen sind. Danach bedanken Sie sich und gehen etwas an die frische Luft.

· Atmen Sie wie oben beschrieben und stellen Sie sich beim Einatmen vor, wie goldenes Licht in Ihren Körper fließt, ihn reinigt, erhellt und dann wieder Licht und Liebe ausatmen. Dabei wird das Licht in Ihrem Körpersystem noch heller. Atmen Sie so lange, bis Sie sich durch und durch von Liebe und Freude erfüllt fühlen und danken Sie.

· Stellen Sie sich Ihre Aurenschutzschicht um sich vor. Nehmen Sie Ihre eigenen Hände und hüllen sie in ein goldenes Licht. Dann beginnen Sie in fließenden, streichenden kreisförmigen Bewegungen, Ihre gesamte

Schutzkugel durchzustreichen. Sie bringen die Energie darin in Bewegung und gleichen sie aus. Es empfiehlt sich dabei Essenzen als Unterstützung zu verwenden, in dem man diese auf die Hände tropft und in der Schutzschicht mit streichenden oder fächelnden Bewegungen verteilt. Dazu verwenden Sie am besten die hochfrequenten und versiegelten Rostock Essenzen.

· Eine andere Art der Reinigung ist es Handlungen mit einer bestimmten Ausrichtung zu machen. Zum Beispiel an die Reinigung seiner Chakren zu denken, sich diese gut vorstellen und dann seine Stimme benützten um das System zu reinigen. Sie können singen, atmen, Körperübungen machen, mit Farben arbeiten oder ähnliches. Es ist dabei immer die gezielte, konzentrierte Ausrichtung, in Verbindung mit der Absicht ausschlaggebend, was Sie tun. Je besser Sie sich konzentrieren können und desto besser Sie sich mit den Energiesystemen auskennen, um so größer wird der Effekt sein.

· Weiters: Trinken Sie viel Wasser
· Genießen Sie das Licht der Sonne
· Atmen Sie bewußt frische Luft ein
· Spazieren Sie öfter durch den Wald
· Umgeben Sie sich mit schönen, lichtvollen Dingen
· Bleiben Sie bei Vollmond so lang als möglich auf
· Genießen Sie manchmal Sonnenaufgang und Untergang.
· Tragen Sie Farben, die sie gerade anspringen
· Tragen Sie nie nur schwarze Kleidung
· Und noch vieles mehr...

· Schlafen Sie Ihrem Bedürfnis entsprechend, legen Sie sich ein Kräuterkissen mit Lavendel unter den Kopfpolster, um besser zu schlafen. Legen Sie sich einen Schlafrhythmus zu, an den sich Ihr Körper gewöhnen kann und ändern Sie Ihn, wenn Ihr Körper das anders möchte. Falls Sie nie gut schlafen, sollten Sie sich über den Ort des Schlafplatzes Gedanken machen.

· Lernen Sie auch die heilende und spirituelle Kraft Ihrer Sexualität zu nützen. Körperübungen und Visualisationen lassen Sie die oft mißachtete Kraft wieder nützen. Durch den sexuellen Akt verliert man eine enorme Menge an Energie, die man aber lernen kann zu behalten und zu nützen. Durch etwas Übung lernen Sie wieder mit diesen sehr kräftigen und wichtigen Energien umzugehen (siehe Literaturnachweis).

Wie Sie Störfaktoren erkennen und entstören können

Als Störfaktoren werden im allgemeinen Gegenstände, Personen oder Umstände der verschiedensten Art bezeichnet, die uns in unserer Gesundheit oder in unserem Wohlbefinden stören, als auch negativ beeinflussen.

Diese Einflüsse kommen meist von außen, obwohl, wie Sie bereits wissen auch innere Überzeugungen zu Problemen führen können. In der folgenden Auflistung stelle ich Ihnen einige der Hauptstörquellen vor, damit Sie sich ein Bild davon machen können, was eine Störquelle sein kann:

- Ständige Streitereien oder Sticheleien am Arbeitsplatz oder wo auch immer, als auch Personen in dessen Gegenwart Sie sich unwohl, oder nach Kontakten ausgelaugt fühlen.

- Störung Ihres Energiefeldes durch ständigen Kontakt mit nicht entstörten elektrischen Geräten wie, Computer, Fernseher, E-Werk Starkstromleitungen oder ähnliches.

- Baulich bedingte Probleme wie giftige Isoliermaterialien oder Baumaterial jeglicher Art, Schimmel, sowie Teppiche, Möbel oder ähnliches, aus Problemstoffen bestehend.

- Verschmutzungen des Energiefeldes die nicht mehr ausgeglichen werden können, durch Drogen, Alkohol, Kaffee, Nikotin und andere Stoffe verursacht.

- Belastung durch andere Strahlungen, wie Erdstrahlen, die durch Brüche oder tektonische Verschiebungen verursacht werden . Als auch bestehende Strahlensysteme wie Lay-Linien, Hartmann oder Curry Gitternetze oder ähnliches, welche unserem Wohlbefinden unter bestimmten Umständen schaden, oder sogar Krankheiten verursachen.

- Oder auch viele andere Dinge, wie zum Beispiel verschmutztes Wasser, energetisch verunreinigte Plätze, Schmuck oder sonstige Gegenstände.

Es gibt viele Dinge, welche uns beeinflussen. Diese können wir entweder selbst ändern, oder Sie können sich auch von gut ausgebildeten Energiearbeitern, beim Entstören von Störquellen, unterstützen lassen. Je weniger Störquellen sich in Ihrem Umfeldbefinden, desto stabiler wird Ihr Körpersystem bleiben.

Als ersten Schritt könnten Sie versuchen festzustellen, wann und wo Sie sich immer unwohl oder müde fühlen. Wenn Sie etwas dementsprechendes gefunden haben, sind Sie schon einen großen Schritt weiter und können diese Störquelle eventuell selbst entstören.
Traditionelle Entstörungsmittel sind Pflanzen, Edelsteine, Essenzen, Kristalle und spezieller Einsatz von Dekoration.

Meditation

Auch bei der Meditation spielt der Ort eine große Rolle. Sie sollten sich schützen bevor Sie zu meditieren beginnen und hineinfühlen, ob dieser Ort geeignet ist.

Jeder Ort hat eine bestimmte Qualität. Diese hängt davon ab welche Energieströme dort fließen, was sich dort im Laufe der Geschichte zugetragen hat und wie naturbelassen und gesund die Umgebung ist. Da Sie sich bei einer Meditation auch ganz bewußt öffnen, sollte natürlich auch der Ort an dem Sie diese durchführen stimmig sein. Bevor Sie mit einer Meditation beginnen, müssen Sie sich zuerst schützen und dann erden, um eine sichere Basis zu schaffen. Meditation kann ganz unterschiedlich angewandt werden.
Es gibt zum einen die passive, als auch zum anderen die aktive Meditation. Eine Form der aktiven Meditation wäre zum Beispiel eine Gehmeditation, oder eine Arbeitsmeditation. In der Meditation gibt es stets eine Ausrichtung. Sie können sich zum Beispiel darauf konzentrieren Ihren Körper völlig zu entspannen, sie können um eine Heilschwingung bitten, oder richten sich auf ein bestimmtes Thema aus. Nehmen Sie sich eine feste Zeit vor und gehen Sie an einen Ort wo Sie Ruhe haben. Sie könnten Musik oder Duftöle benützen um sich einzustimmen. Atmen Sie dann mindestens 20 Züge tief und entspannt, um alle Anspannung und Gedanken loszulassen. Fokussieren Sie nun die Ausrichtung, die Sie gewählt haben. Bitten Sie eventuell um Unterstützung von Lichtwesen und beobachten dann einfach was passiert (Was Sie fühlen, sehen, denken, hören).

Was unterstützt und fördert mich in meiner Entwicklung

Wie Sie ja schon wissen, zieht Gleiches Gleiches an und eben genau dieses Gesetz kann Ihnen sehr hilfreich sein. So haben sich zum Beispiel Könige in früheren Zeiten mit den schönsten und reinsten Dingen umgeben. Dies führte sogar so weit, daß sie immer jungen schönen Mädchen an Ihrer Seite hatten, um an deren Schönheit Teil zu haben.

Ich versuche Ihnen hier nicht nahe zu legen, sich nur mit schönen jungen Mädchen zu umgeben, sondern vielmehr darauf zu achten womit Sie sich beschäftigen und womit Sie viel in Kontakt stehen.

Zum Beispiel halte ich es für sehr fragwürdig, Menschen, die leicht kriminell waren, mit anderen Kriminellen zusammenzustecken. Die Gesellschaft und Umgangsweisen sind nicht gerade einen fruchtbaren Boden für einwandfreies Handeln, ganz davon zu schweigen, wie sich die Energiefelder der Personen miteinander vermischen und austauschen. Wie dem auch sei, Sie sollten Ihr Umfeld so angenehm als möglich gestalten.

Allgemein bedeutet dies, sich die Gegenstände und Lebewesen mit denen man sich umgibt vorzustellen und zu erfühlen, ob diese einem eine gute, erhebende und ausgeglichene Schwingung vermitteln, oder ob man sich in deren Gegenwart eher ausgelaugt und matt fühlt. Wiederum lege ich Ihnen hier nicht ans Herz Menschen, die Ihre Freunde sind, in schwierigen Zeiten zu meiden, sondern vielmehr die Grundstimmung in der Beziehung angenehm, inspirierend und freudig zu gestalten.

Wenn Sie sich zum Beispiel mit Kunst umgeben, wie Literatur, Musik oder Malerei, dann können diese Werke sehr kunstvoll und meisterhaft gestaltet sein und doch müssen diese nicht immer erhebend, lichtvoll und strahlend sein. Genau dies sollten sie aber sein um Sie zu beflügeln und ein spürbares Lächeln in Ihnen hervorzurufen. Natürlich geht es nicht darum weniger schöne Dinge zu ignorieren oder diese einfach auszublenden, sondern Sie sollten sich überlegen, womit Sie sich umgeben und wozu Sie eine Verbindung herstellen möchten. Ohne Zweifel ist zum Beispiel das Werk: "Der Schrei" von Munch, eine eindrucksvolle Wiedergabe von menschlicher

Verzweiflung und abgrundtiefen Emotionen. Deshalb rate ich dennoch davon ab, sich dieses Bild im Schlafzimmer aufzuhängen, da sich die im Bild enthaltenen Informationen sonst in Form von Schwingung in diesem Raum ausbreiten.Es gibt sehr viele Dinge, welche Sie in Ihrer Entwicklungunterstützen und diese können oft sehr individuell sein, jedoch haben sie eines gemeinsam:

Sie sind inspirierend, lichtvoll, erhebend, beflügelnd, lehrreich, glücklich stimmend, viel Ruhe bringend und sie lassen einen im Einklang mit sich selbst und mit allen anderen Dingen sein.

Alle Dinge und Lebewesen sprechen in Form von Schwingung zu uns, worauf wir sie mit unseren Möglichkeiten interpretieren. Ich kann in einen Buchladen gehen und die Bücher zu mir sprechen lassen, indem ich mich auf ein bestimmtes Thema konzentriere und warte, wohin es mich zieht.

Wenn Sie sich nun etwas lichtvolles und erhebendes für Ihre Weiterentwicklung vorgestellt haben, dann können Sie sicher sein, daß Sie das Richtige in Händen halten.

Genau diese Methode können Sie verwenden um das für Sie Passende zu finden, oder schon bestehende Dinge zu überprüfen:

Stellen Sie sich das Thema vor und achten Sie auf die Informationen, die Sie erhalten. Dies können, Gefühle, Bilder, Töne, Farben, Geschmack, Gedanken, oder vieles mehr sein, welche Ihnen Auskunft über die Qualität des Themas geben. Somit können Sie individuell auswählen.

Nehmen Sie sich einfach ein paar Minuten Zeit, erden und schützen Sie sich. Machen Sie es sich bequem und beginnen Sie langsam und mit tiefer Bauchatmung durch die Nase zu atmen, verlangsamen sie Ihre Gehirnwellenfrequenz wie auf Seite 70 beschrieben. Dann stellen Sie sich das Thema oder die Person intensiv vor, in Bildern, Worten, Verhalten, Tönen, Gedanken und Gerüchen.
Wenn Sie ein klare Wahrnehmung von dem Thema haben, dann lassen Sie einfach die Eindrücke, welche Ihnen dazu kommen, wirken. Vielleicht riecht es sauer, oder Sie fühlen sich irgendwie bedrückt, alle Eindrücke, haben einen Bezug zu diesem Thema, die Ihnen helfen herauszufinden, wie dieses Thema auf Sie wirkt und ob es Sie bei Ihrer Entwicklung unterstützt.

Im Folgenden möchte ich Ihnen einige Möglichkeiten aufzeigen, die sich bei einer Weiterentwicklung als hilfreich erwiesen haben. Was Sie nun als hilfreich empfinden oder was Sie machen möchten, ist natürlich ein ganz individuelles Auswahlverfahren!

Weiters sollten Sie sich öfters mal fragen, oder genauer gesagt, sollten Sie sich zuhören, wie Sie die Sprache verwenden! Wir stehen natürlich auch mit dem in Kontakt, was wir sagen und wir nehmen diese Wörter, sozusagen in den Mund. Wenn Sie also zum Beispiel immer und immer wieder die Redewendung benützen: „Das halt ich ja im Kopf nicht aus!", dann sollte es Sie nich wundern, wenn Sie öfters Kopfschmerzen haben! Alle Beschreibungen die wir benützen, bringen uns auch mit der dementsprechenden Information in Kontakt. Aus diesem Grund sollten Sie sich einmal alle Redewendungen und häufig verwendeten Wörter genauer anhören, um diese durch schöne Ausdrücke zu ersetzen, wie : „Ich werde es schon noch verstehen lernen!".

Diese Betätigungen sind sehr hilfreich und hochfrequent:

Literatur, Meditation, Invokationen, Tönen, Energiearbeit, Channeln... .

Im Prinzip geht es bei einer Weiterentwicklung darum, seine Lebensqualität und somit auch die eigene Schwingung zu erhöhen. Somit sind also alle Informationen und Handlungen hilfreich, die eine hohe und reine Schwingung besitzen, da sie uns dazu ermutigen unsere Schwingung zu erhöhen und wir mit dieser höheren Schwingung in Resonanz treten. Eine niedrige Schwingung ist nicht schlechter als eine hohe Schwingung, sowie das Erdgeschoß eines Hauses mindestens genauso wichtig ist wie der dritte Stock und dennoch sind sie von ihrer Qualität unterschiedlich. Je weiter wir entwickelt sind, desto höher und schneller schwingen wir. Um wieder weiter zu kommen, ist es nötig unsere Schwingung zu erhöhen. Genau aus diesem Grund kann uns zum Beispiel Literatur hilfreich sein, da sie uns mit neuen , als auch mit hoch schwingenden Informationen (je nach Inhalt), in Kontakt bringt uns somit unser Frequenzspektrum erweitert. Kurz gesagt: Handlungen und Dinge, die eine hohe Schwingungsfrequenz besitzen, oder sich nach so einer ausrichten, helfen uns, bei einer Weiterentwicklung, die uns unsere Lebensqualität verbessern kann.

Literatur: Oft findet ein Buch zu Ihnen und dann befinden sich genau die Informationen darin, welche Sie gerade benötigen. Bücher sprechen zu uns in Worten, Bildern, Tönen, Gerüchen, Gedanken und noch anderen Formen, um uns mit neuen Informationen, als auch Wissen in Verbindung zu bringen. Sie beflügeln uns zu neuen Ideen oder Sichtweisen, die wir uns nicht einmal vorstellen konnten. Sie versorgen uns mit Anregungen und können uns inspirieren um phantastische Dinge zu vollbringen. Besonders Bücher, die sich mit Themen beschäftigen, die alte Weisheiten vermitteln oder eine gute Verbindung zur Essenz des Lebens herstellen und somit auch eine hohe Schwingungsfrequenz aufweisen. Bücher können auch Fähigkeiten in uns erwecken, die wir vorher anscheinend nicht hatten. All dies ist möglich, da wir unsere eigene Schwingung mit den Schwingungen aus dem Buch ergänzen und somit nicht nur Wissen von einem Buch erhalten können.

Ich zum Beispiel habe Obertöne im Alltag erst richtig zu hören begonnen, als ich ein tolles Buch über Obertöne gelesen habe. Zwar habe ich schon mit Leuten zu tun gehabt, die Obertöne hervorbringen konnten und ich habe es auch selbst ansatzweise geschafft, aber diese hochfrequenten Töne bei Kirchenglocken, Rasierern und Rasenmäher zu hören, ging wie von Zauberhand, nach der Lektüre eines Buches (siehe Literaturhinweise).

Somit kann man sich ein neues Bewußtsein schaffen, wie Dinge auf uns wirken und womit wir uns wirklich umgeben möchten. Danach können Sie gezielt Bereiche auswählen, um mit der Information, die in diesen Dingen steckt, in Verbindung zu treten.

Besonderer Stein aus der Inkastadt Machu Picchu, der die Jahresabschnitte und besonderen Anläße anzeigt und bestimmen läßt, aber auch als Thron und Altar diente.

Was tun, wenn Sie einen Rat benötigen

Manchmal werden wir im Leben mit Situationen konfrontiert in denen es uns sehr schwer fällt, eine Entscheidung zu treffen. Wir möchten nicht in dieser Situation stecken oder eine Entschluß fällen, da uns das alles einfach zu viel wird und wir am liebsten die Wahl jemandem anderen überlassen würden. Sicherlich kann Ihnen Ihr Umfeld Ratschläge geben oder Sie vielleicht auf neue ganz andere Lösungsmöglichkeiten bringen und dennoch sind Sie der Einzige, der in Ihrem Leben die Entscheidungen treffen kann und trifft.

Mit dieser Aufgabe aber auch Freiheit, sollten Sie sehr sorgsam umgehen. Sie sind es, der in Ihrem Leben bestimmt, wie es sich entwickeln soll und Sie haben die Möglichkeit aus einer scheinbar ausweglosen Situation einen Ausweg oder sogar eine Chance hervorzubringen.

Es kann hilfreich sein andere um Ihren Rat zu bitten, aber derjenige, der am besten weiß was Sie machen sollten sind Sie selbst.

Setzen Sie sich an einen ruhigen Ort und atmen Sie einige Atemzüge ruhig und tief ein und aus. Versuchen Sie ruhig und leer zu werden indem Sie sich ausschließlich auf Ihren Atem konzentrieren. Bitten Sie Ihren Schutzengel oder andere Lichtwesen Ihnen zu helfen oder bitten Sie darum mit dem Teil Ihres Wesens in Verbindung zu treten, der bereits alle Fragen und Antworten kennt. Sprechen Sie wie mit einem Freund und machen Sie sich das Problem ganz klar. Bitten Sie dann darum, daß Ihnen die Antwort jetzt ganz klar und offensichtlich begegnet.

Seien Sie allen Möglichkeiten, die sich ergeben könnten offen gegenüber, da die Antwort in vielen verschiedenen Gesichtern erscheinen kann. Sie könnten zu Beispiel einen Anruf von einem alten Bekannten erhalten, mit dem Sie über etwas Neues sprechen, oder Sie sehen einen Bericht im TV, Ihnen passiert etwas komisches oder Sie hören von einem bestimmten Buch. Sie könnten aber auch während des Atmens einen neuen Gedankengang haben oder ein bestimmtes Gefühl, das Sie an etwas erinnert. Sie könnten etwas riechen, was Sie an eine Reise erinnert oder Sie fühlen einfach ganz deutlich was zu tun ist, weil Sie nun eine klare Vorstellung davon haben, was

Ihre Entscheidung mit sich bringt. Es gibt unendlich viele Möglichkeiten, wie Sie eine Antwort erhalten, lauschen Sie mit Ihrem Herz und Sie werden wissen was zu tun ist Engel und Lichtwesen helfen Ihnen immer, da es Ihre Aufgabe ist auf uns zu achten. Sie müssen nichts anderes tun, als sie zu bitten, denn erst dann dürfen sie Ihnen helfen (außer in Notfällen).

Seien Sie dem Leben einfach offen gegenüber und denken Sie nicht nur in schwarz oder weiß, ob es nun einen Gott gibt oder nicht, ob Ihnen Schutzengel helfen oder ob Sie mit ihnen sprechen können. Bleiben Sie offen für die unterschiedlichsten Möglichkeiten und Sie werden ein erfülltes und interessantes Leben führen können, in dem Ihnen alles offen steht.

Hätten sich die Menschen gerade im letzten Jahrhundert, nicht viele, zu dieser Zeit noch unvorstellbare Möglichkeiten offengehalten, so hätte nie eine Glühbirne ihr Licht verstrahlt, nie wäre ein Mensch geflogen, nie wäre man am Mond gelandet und erforschte das Weltall und nie hätte man entdeckt, daß alles aus kleinsten Atomteilchen besteht und nichts wirklich fest ist.

Nur wer offenen Geistes einer Möglichkeit entgegentritt, kann das darin steckende Potential freilegen und nützen.

Bleiben Sie einfach offen und denken Sie grenzenlos, dann begrüßt Sie das Universum, mit seinen unbegrenzten Möglichkeiten, mit weit geöffneten Armen.

Es gibt übrigens noch eine Methode, wie sie zum Beispiel mit Menschen kommunizieren können, mit denen Sie etwas besprechen oder klären möchten, Sie aber mit Worten in einem persönlichen Gespräch keinen Erfolg haben. Wir alle sind miteinander verbunden, deshalb können Sie Ihre Gehirnfrequenz auf die einer anderen Person oder Gruppe richten und so mit ihr in Kontakt treten. (Man hat sogar Laborversuche gemacht, in denen festgestellt wurde, daß sich bei dieser Methode die Gehirnfrequenzen der kommunizierenden Personen aneinander stark angleichen!). Sie benützen dazu die auf Seite 70 beschriebene Methode, dann stellen Sie sich die Person vor und sprechen mit ihr über das Problem und wie sie es, für beide Seiten optimal, gemeinsam lösen können. Wenn sie es geklärt haben, vergeben sie sich und freuen sich, daß sich alles so gut geklärt hat! Sie werden sich wundern, was sich nach so einem Gespräch alles tun kann!

So gleiche ich mich selbst aus

In den vorhergegangenen Kapiteln, haben Sie schon viel Informationen erhalten, wie Sie sich fit halten können um Ihre Gesundheit zu erhalten, als auch diese wieder herzustellen. Ich möchte Ihnen hier noch ein paar Möglichkeiten aufzeigen, wie Sie sich selbst helfen können.

Allgemein gesagt helfen Ihnen sämtliche Betätigungen, welche darauf ausgerichtet sind Ihre Gesundheit zu stärken und zu erhalten! Da Gleiches eben das Gleiche anzieht, fördert es Ihr Wohlbefinden schon alleine dadurch, daß Sie an etwas Gesundes denken oder etwas zum Wohle Ihrer Gesundheit machen. Das heißt also, daß es immer sehr stark auf die Ausrichtung meiner Handlungen ankommt, eben welche Adresse ich angewählt habe.

Um zu meiner allgemeinen Ausrichtung auf die Gesundheit noch gezielter einzuwirken, bedarf es Wissen, Kontrolle und die daraus resultierende Qualität um wirklich professionell auf meine Gesundheit einzuwirken. Es trägt jedoch annähernd jede Handlung, die auf Ihre Gesundheit ausgerichtet ist und bei der Sie sich wohl fühlen, auch zu Ihrer Gesundheit bei!

Informieren Sie sich über eine Methode und fühlen einfach hinein, ob dies das Richtige für Sie ist und beginnen Sie etwas für sich zu tun!

Unbestritten ist die beste Methode um etwas zu erlernen, sich direkt von den Personen, welche sich damit professionell auseinandersetzen unterrichten zu lassen, da Sie so das größte Maß an praktischer und nicht interpretierter Information erhalten.
Die Druiden haben zum Beispiel ihr Wissen immer persönlich weitergegeben und nichts außer ein paar Aufzeichnungen aus Blättern gemacht, daher kommt auch die Wendung - in einem Buch blättern - um nicht Gefahr zu laufen, daß das Wissen und die Lehren falsch von anderen interpretiert und so die Wurzeln des Wissens verfälscht werden. Es ist gerade bei einer Tätigkeit wie die des Heilens sehr wichtig, fundiertes, direktes und unverfälschtes Wissen zu erhalten, als auch Erfahrung zu

haben. Somit können Sie auch die Vorgänge leiten und lenken. Nur so kann wirkliche Qualität in der Heilarbeit gewährleistet werden. Nun ist ein Buch nicht gerade der ideale Ort um dieses alte Wissen zu vermitteln, ohne daß der eine oder andere es etwas anders versteht, als es gemeint war. Dennoch muß ich dieses Risiko eingehen und auf die Schwingung vertrauen, die hinter diesen Informationen steckt, damit die vermittelte Information auch unverfälscht bei Ihnen ankommt!

Da ich mich selbst schon mit vielen Büchern auseinandergesetzt habe, weiß ich, daß ich mir meist mehr praktische und gut beschriebene Heilmethoden wünsche, um diese selbst auszuprobieren. Jetzt ist mir klar, daß dies nicht so einfach ist, wenn man nicht im direkten Austausch mit einer Person das neue Wissen erarbeiten kann. Deshalb bitte ich Sie, sich der Schwingungsqualität der folgenden Informationen zu öffnen, um ein ursprüngliches und umfangreiches Verständnis zu ermöglichen.

Atemreinigung

Machen Sie es sich in einem Raum, in dem Sie Ruhe haben gemütlich, eventuell mit etwas Kerzenlicht und atmen Sie einige Minuten ruhig und tief durch die Nase ein und aus. Erden Sie sich und stellen sich eine Lichtkugel um Ihren Körper herum vor die Sie schützt. Bei jedem Einatmen bringt sie frische Energie mit sich und alte Energie wird ins Licht entlassen. Wenn Sie sich jetzt ruhig und entspannt fühlen, können Sie mit den verschiedenen Energieübungen beginnen:

A/ Aurenzirkulation

B/ Meridianfluß

C/ Chakrendrehung

Reinigung & Kräftigung der drei Hauptenergiesysteme

A/ Aurenzirkulation

Stellen Sie sich nun Ihre Aura, die einen Durchmesser von ungefähr 15 Meter hat um sich herum vor, wie sie in einem goldenen Licht erstrahlt. Dieses warme, hochfrequente Licht erfüllt, Ihre ganze Kugel und reinigt jeden Bereich Ihres Körpersystems. Den Teil, den Sie als Ihren Körper sehen, als auch den Teil Ihres Körpers, der darüber hinausragt.

Spüren Sie wie dieses goldene Licht alle Verschmutzungen wegwäscht und nach oben aus Ihrer Aura ins Licht auflöst. So als ob warmes Wasser einer Dusche Sie von Verschmutzungen befreit. Gleichzeitig bringt dieses goldene Licht Ihre gesamte Lebensenergie in Bewegung und löst somit die Energie aus Blockaden, wodurch Sie diese Energie wieder nützen können.

Sie können als Unterstützung auch die Atemreinigung anwenden, oder diese Reinigung während des Duschens oder eines Bades machen!

Gerade zu diesem Thema, den 3 Hauptenergiesystemen, empfehle ich Ihnen weiterführende Literatur, die Sie am Ende dieses Buches finden, da das genaue Eingehen auf diese Systeme den Rahmen dieses Buches sprengen würde.

Dieses Buch soll Ihnen einen kleinen Einblick in die Spielregeln des Lebens bieten. Dies soll auf einfache und spielerische Weise geschehen, um Ihnen sowohl die bestmöglichen Wissenserfahrung, als auch die effektivste Anwendung in Ihrem täglichen Leben zu ermöglichen. Denn falls es eine Formel für das Universum gibt, dann muß diese einfach sein.

(Wie bereits Albert Einstein feststellte.)

B/ Meridianfluß

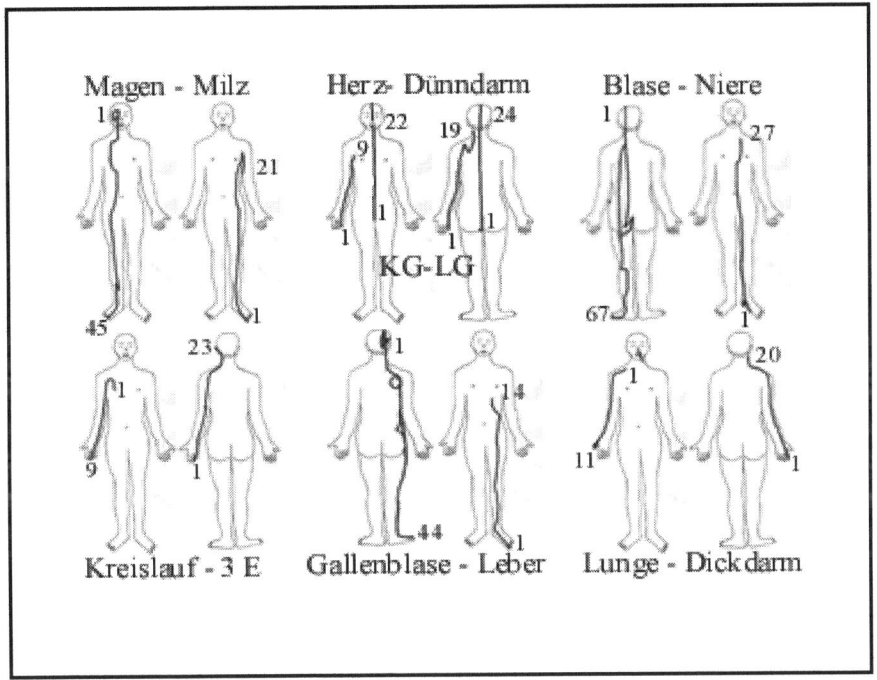

Diese Tafel zeigt den stilisierten Verlauf der 14 Meridianpaare, die eine enge Verbindung zwischen Ihren Organen und ihrem feinstofflichen Körpern herstellen. Sie alle haben einen Anfangs und Endpunkt, der mit den Zahlen gekennzeichnet ist. Die Energie fließt immer in die Richtung vom Anfangspunkt ausgehend, bis zum Endpunkt. Ein Paar besteht immer aus einem Yin (-) und Yang (+) Meridian.

Bereiten Sie sich wieder mit der Atemreinigung vor und stärken Sie den Energiefluß jedes einzelnen Meridianes, indem Sie sich vorstellen, wie die Energie im Meridian vom Anfangspunkt bis hin zum Endpunkt, in dem strahlenden goldenen Licht fließt. Blockaden werden einfach sanft weggeschwemmt und somit fließt wieder mehr Energie im Meridian. Zuerst stärken Sie Ihre Aura, dann sämtliche Meridiane. Sie beginnen mit dem übergeordneten Meridianpaar: Zentralgefäß (Körpermittellinie vorne bis zur Unterlippe) und dem Gouvernoursgefäß (Körpermittellinie hinten bis zur Oberlippe), da diese sämtliche andere Meridianpaare steuern.

Zentralgefäß - Gouvernoursgefäß
Magen - Milz
Herz - Dünndarm
Blase – Niere
Kreislauf – 3 fach Wärmer
Gallenblase – Leber
Lunge - Dickdarm

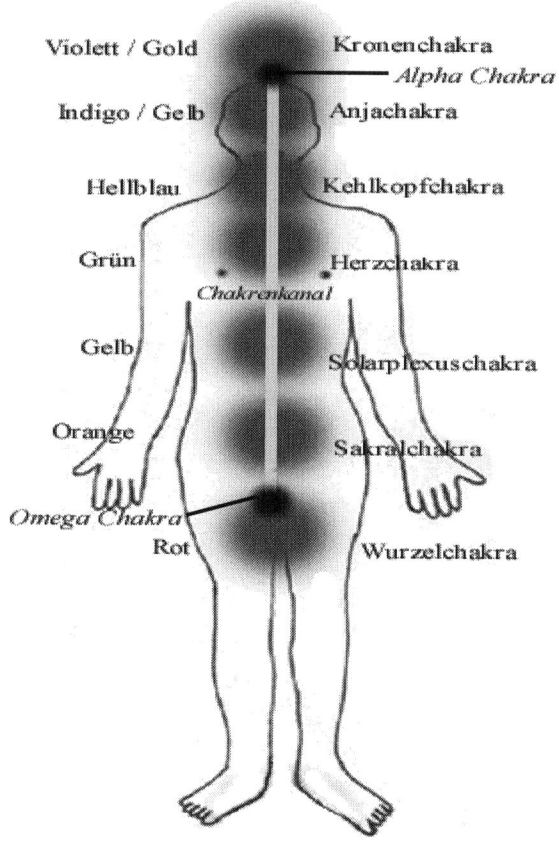

Dies ist eine Abbildung der sieben Hauptchakren unseres Körpersystems. Zwischen Alpha und Omega Chakra befindet sich der Chakrenkanal, der alle Chakren miteinander verbindet und mit der göttlichen Energie versorgt, die am Kopf, über das Alpha Chakra eintritt und uns über das Omega Chakra mit der Erde verbindet. Auch diese drehenden Energiewirbel, kann man mit der Vorstellungskraft stärken. Man kann auch mit der Hand, etwas vor dem

Körper gehalten, in die Drehrichtung des Chakras drehen, um den Energiefluß und somit auch die Frequenz zu erhöhen. Die Energieblockaden werden dabei gelöst und Ihr Körpersystem erhält dadurch mehr Energie. Benützen Sie Ihre Vorstellungskraft und erfüllen Sie das Chakra mit einer hellen, strahlenden Farbe, die von einem gesunden Energiesystem zeugt.

Wenn Sie an Ihren Körper eine Uhr halten, die eine gegenüber stehende Person lesen kann, dann dreht sich das unterste Chakra bei einer Frau gegen den Uhrzeigersinn und bei einem Mann mit dem Uhrzeigersinn. Das zweite Chakra dreht sich in die Gegenrichtung des ersten Chakras, das dritte Chakra dreht sich wieder in die Gegenrichtung des Vorhergegangenen und so weiter. Ähnlich kleiner Zahnräder, die ineinander greifen und einander antreiben. Daher gilt für:

1/ Frauen: l, r, l, r, l, r, l

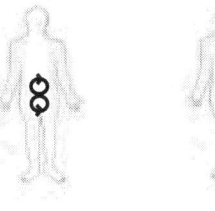

2/ Männer: r, l, r, l, r, l, r .

1   2

Machen Sie zuerst wieder die Atemreinigung und beginnen Sie dann in runden, kreisenden Bewegungen, die Chakren, Ihrem Geschlecht entsprechend, nachzudrehen. Sie können dies mit Ihren Händen, als auch mit Ihrer Vorstellungskraft machen und sowohl das bereits bekannte goldene Licht verwenden, als auch die dem jeweiligen Chakra zugeordnete Farbe.

Machen Sie die Drehbewegungen so schnell, wie es für Sie stimmt, wobei diese immer fließend und rund sein sollten. Gehen Sie immer von unten nach oben und stärken Sie immer alle sieben Chakren durch. Dies ist deshalb so wichtig, da Sie sonst eventuell ein Ungleichgewicht, zwischen den einzelnen Chakren herbeiführen könnten. Bei einem Ausgleich aller Chakren, wird die Energie einfach dort hin transportiert, wo sie gerade benötigt wird. Wenn Sie austesten können (Rute, Pendel...), wie oft Sie jedes Chakra drehen sollen, dann können Sie den Ausgleich individuell gestalten.

Natürlich können Sie die Qualität, die in diesen Techniken steckt um ein Vielfaches erhöhen, wenn sie diese direkt in einer Ausbildung erlernen; z.B: Im Ausbildungszentrum für energetische Lichtarbeit (siehe Seite 109).

Körperdank:

Eine weitere Möglichkeit ist, Ihrem grobstofflichem Körper zu danken, also dem Teil Ihres Körpers, den Sie auch sehen können. Beginnen Sie wieder mit der Atemreinigung, entspannen Sie Ihren Körper und gehen Sie in den Alpha Zustand (S.70). Sehen Sie dann vor Ihrem geistigen Auge Ihren Körper vor sich.

Gehen Sie von Ihren Zehenspitzen langsam hinauf bis zu Ihrem Kopf und danken Sie jedem Organ, jeder Zelle und Pore dafür, daß sie so gut arbeiten.

Befehlen Sie Ihrem gesamten Körper, daß er seine volle Aufmerksamkeit auf Ihre Stimme ausrichtet! Dann stellen Sie sich in Bildern vor, wie das Gesagte passiert:

„Ich entlasse allen Druck, Streß, Anspannung, negative Informationen und Blockaden, auf allen Ebenen zu 100% aus meinem Körper. Ich bin völlig gereinigt, entspannt und gesund!".

Sehen und fühlen Sie, wie es passiert und halten Sie dieses Bild nun für Ihren Ist-Zustand fest in Ihren Zellen! Schicken Sie ihnen dieses goldene reinigende und kräftigende Licht. Sehen Sie wie das Licht alles durchdringt und der Körperbereich heller und gesünder wird. Nehmen Sie sich so viel Zeit für jeden Körperteil wie Sie möchten und gehen Sie dann zum nächsten. Sehen Sie sich vorher eine anatomische Tafel an, damit Sie ungefähr wissen, wo sich welches Organ befindet und diesem danken können. Sie können diese Reinigung und Kräftigung natürlich wieder mit Ihrem Atem verbinden oder es beim Duschen machen.

Sie können diese Techniken verwenden um Ihr System zu reinigen und es zu stärken, aber auch wenn Sie irgendwo ein Problem haben. Am aller besten, um einfach Ihre Energie zum Fließen zu bringen und somit ihre Weiterentwicklung zu unterstützen und fördern.
Je besser Sie den Aufbau und die Beschaffenheit Ihrer Körpersysteme kennen, desto gezielter und genauer können Sie auf einzelne Aspekte eingehen und diese fördern, beziehungsweise unterstützen.In jedem Fall gilt immer worauf Sie sich konzentrieren und ausrichten, als auch was Sie in die jeweilige Handlung die Sie ausführen hineinsetzen.Wenn Sie einmal die Richtlinien verstanden haben, dann ist es ein Leichtes in vielfältige Art auf Ihre Gesundheit einzuwirken und somit einen optimalen Energiefluß in Ihren Körpern zu ermöglichen.

Kapitel 3

Universelle Spielregeln des Lebens, die in jedem Fall gelten.

In jedem Spiel gibt es bestimmte Spielregeln, die einem gewisse Beschränkungen auferlegen, als auch sehr oft sehr große Freiheiten lassen.

Da gibt es einige Spielregeln mit denen man sehr gut zurecht kommt und wieder andere, deren Einhaltung schwer fällt.

Wir haben uns in unserer Gesellschaft gewisse offizielle und inoffizielle Regeln zurechtgelegt, an denen wir uns orientieren. So wird man zum Beispiel eine Strafe im Straßenverkehr erhalten, wenn man sich nicht an die Regeln hält und erwischt wird, oder man erhält eine Verwarnung.

Im Leben gibt es wie in jedem anderen Spiele auch Spielregeln, die aber nicht immer so eindeutig und klar zu erkennen sind. Dies hat natürlich auch seinen Grund, da wir die Möglichkeit erhalten, selbst auf verschiedene Gesetze zu kommen. Auch die Qualität, die hinter diesem Verhalten steht, lernen wir dadurch besser kennen. Gerade in unserer Zeit, sind wir an einem Punkt angekommen, wo der Bogen so stark gespannt ist, daß er zwangsläufig wieder in seine Ausgangsposition zurückkehren muß und genau das passiert im Moment auch.

Für uns bedeutet das unsere Werte in Frage zu stellen, als auch wieder in Einklang mit dem Universum, also im Endeffekt mit uns selbst zu kommen. Um diesen Prozeß zu unterstützen, ist es hilfreich, wenn man sich einen Teil der unzähligen universellen Gesetze bewußt macht und beginnt, diese aktiv in sein Leben einzubeziehen.

Viele dieser Gesetze mögen vielleicht alt und nicht mehr Zeitgemäß klingen, aber sie sind eben nun einmal sehr, sehr alt und haben keineswegs etwas von ihrer Gültigkeit verloren.

Im vorhergegangenem Teil des Buches habe ich schon öfters auf universelle Gesetze des Lebens zurückgegriffen und ich bin sicher, daß Sie eine beträchtliche Anzahl von solchen Gesetzen schon einmal gehört haben!

Hier sind einige, die relativ stark verbreitet sind:

- Gleiches zieht Gleiches an (geistige Ebene).

- Was Du nicht willst, was man Dir tut, das füg auch keinem anderen zu.

- Was Du einem meiner Geringsten tust, das wird auch Dir widerfahren.

- Gegensätze ziehen einander an (weltliche Ebene).

- Was Du säst, das wirst Du auch ernten.

- Hilf Dir selbst und Dir wird geholfen werden.
  (Treffen wir uns auf halben Weg)

Und noch vieles mehr. Leider werden diese Aussagen all zu oft mit einem Stirnrunzeln abgetan und als Redensart aus dem Volksmund belächelt. Doch sollte man sich bewußt machen, daß sich diese Weisheiten über Jahrhunderte und Jahrtausende hinweg erhalten haben und auch heute noch sehr vielen Menschen vertraut sind.

Im Alltagsleben kann man sich zwar zwischen den Gesetzen durchschummeln, oder auch einmal eine Ungerechtigkeit begehen, die scheinbar keine Probleme nach sich zieht. Dennoch gibt es niemanden, der über den universellen Gesetzen steht, da sie die Essenz unseres Dasein beinhalten und alles was wir tun, jeder noch so kleine Schritt, wird vom Universum beantwortet und erwidert. Deshalb ist es um ein Vielfaches leichter, sich seine Schwächen, als auch seine Stärken einzugestehen, ehrlich zu sich und anderen zu sein und einfach das Beste aus seinem Leben zu machen. Und genau dabei können uns die universellen Gesetze hilfreich zur Seite stehen. Verantwortung für sich selbst, sein Leben und seine Taten , oder auch Handlungen zu übernehmen, ist eine der wichtigsten

Eigenschaften die wir erlernen können. Sie mutet einem scheinbar viel zu, in Wirklichkeit bedeutet es aber nichts anderes als den freien Willen zu nützen, der so viel bewirkt.

Der freie Wille ist einer der zentralen Punkte in unserer Entwicklung, dem Leben und seinen Gesetze.

Solange wir denken können, gab es auf der Welt eine Spaltung von Gut und Böse, einen gute Hexe und eine böse Hexe, Heinzelmännchen und Kobolde, Licht und Dunkelheit. Im Taoismus wird diese Dualität mit Yin und Yang dargestellt, wobei beide Teile einander brauchen um ein Ganzes zu ergeben und in unserem Zeitalter, dem Wassermannzeitalter, ist es wieder an der Zeit, daß die Seite des Lichts an Bedeutung gewinnt und der Schwerpunkt auf ihr liegt.

Taoistisches Yin - Yang Symbol.   *"Dualität strebt zur Einheit."*

So gibt es also sehr viele Graustufen und am jeweiligen Pol ein Schwarz und ein Weiß. Kurz ausgedrückt gibt es eine klare Grenze zwischen den Dingen, welche meine Entwicklung fördern und den Dingen, die meine Entwicklung hemmen. Keine Seite ist besser oder schlechter, aber im Laufe meines Lebens entscheidet man sich bewußt oder unbewußt für eine der beiden Seiten der Medaille des Lebens.

Daher stellen diese Gesetze eine Art Richtlinie dar, an der man sich eben orientieren kann.

Auch Sie entscheiden sich in vielen Situationen Ihres Lebens für eine Seite, ob Sie dies nun bewußt oder unbewußt machen. Deshalb ist es besser bewußt zu entscheiden und Verantwortung für sich selbst zu übernehmen.

Die dunkle, schwarze Seite beinhaltet im Allgemeinen all das, was in abgedunkelten Räumen gemacht wird, damit es niemand sieht, weil es Unrecht ist. Alle Dinge die gegen den freien Willen eins Lebewesens handeln und es somit in seinen Rechten beschneiden, als auch alle Dinge die wissentlich Schaden und Unheilvolles mit sich ziehen. Diese Dinge arbeiten gegen den göttlichen Willen und sind auch von seiner Unterstützung und Energie abgetrennt.

Das Licht, die Liebe und die Freude ist all das, was zum höchsten Wohle eines Lebewesens auf allen Ebenen beiträgt. All die Dinge die Spaß machen, die jemandem helfen und ihn in seiner Entwicklung unterstützen. Der freie Wille eines Lebewesens steht an erster Stelle und wird in jeder Situation respektiert und geehrt. Alles was im Licht passiert und unter der Sonne. Was alle inspiriert und beflügelt: diese Dinge stehen mit der göttlichen Energie in Verbindung und werden von ihr genährt und unterstützt.

Hier sind noch fünf Gesetze des Lichtes

Es gibt viele dieser Gesetze , um zu wissen wie Sie sich verhalten sollen, wenn Sie den Weg des Lichts gehen wollen.

Das Gesetz des freien Willens: Man muß Sie um Hilfe bitten, drängen Sie niemals Ihre Hilfe irgend jemanden auf. Egal wie schwer Ihnen dies fällt.

Das Gesetz der Ehre: Seien Sie sich der Ehre bewußt, die Ihnen zuteil wird. Handeln Sie immer mit reinem Herzen, mit Licht und Liebe.

Die 10 Gesetze der Alten: Aufrichtigkeit, Stärke, Mut, Glaube, Ehrlichkeit, Verantwortungsbewußtsein, Demut, Bescheidenheit, Dankbarkeit, Reinheit.

Das Gesetz des Lebens: Ein Lehrer ist auch immer ein Schüler, ein Schüler auch immer ein Lehrer. Seien Sie demütig – Sie können von wirklich jedem und allem etwas lernen.

Das Gesetz des Lichts: Im Licht liegt das Erkennen, die Wärme, das Lachen. Handeln Sie immer im Sinne des Lichts. Dann werden auch die Helfer des Lichts und die Hüter des Lichts Ihnen immer zur Seite stehen.

Unterrichtet und gechannelt von Nicola Wohlgemuth – Ausbildungszentrum für energetische Lichtarbeit – mit freundlicher Genehmigung von Frau Wohlgemuth

Kapitel 4

Das enorme Potential Ihres Gehirns nützen lernen

Jeden Tag durchlaufen Sie bestimmte Bewußtseinszustände, ohne davon besondere Notiz zu nehmen. Ihr Gehirn kann in verschiedenen Frequenzbereichen schwingen. Diese Frequenzbereiche nennt man Phasen, die mit einem EEG (Elektroenzephalograph) aufgezeichnet werden können. Wenn Sie zum Beispiel Tagträumen, sich entspannen oder langsam müde werden, verlangsamen sich die Wellen in Ihrem Gehirn.

Phase	Wellen pro Sekunde	Bewußtseinszustand
Beta	30-13 Hz	Wachzustand, Arbeit, Lesen...
Alpha	8-12 Hz	Einschlaf-Aufwachphase, Tagträumen, leichte Meditation, kreatives Vorstellen..
Theta	4-7 Hz	Tiefer Schlaf, tiefe Meditation...
Delta	0-3 Hz	Starker Tiefschlaf, wenig körperliches Bewußtsein oder Empfinden.

Wenn wir als Babys geboren werden, dann befinden wir uns bis ungefähr zum 4. Lebensjahr hauptsächlich im Delta Zustand, nach vier Jahren im Theta und nach wieder vier Jahren in Alpha. Danach befinden wir uns im Wachzustand hauptsächlich im Beta Zustand, also schwingt Ihr Gehirn, während Sie dieses Buch lesen, gerade mit 30-13 Hz / Sekunde. Jedesmal wenn Sie sich entspannen, verlangsamen sich Ihre Gehirnwellen.

Wenn Sie nun etwas in Ihrem Leben verändern wollen, oder sich umprogrammieren möchten, dann ist dieses Wissen von größter Bedeutung! Unser Wille hat relativ wenig Kraft, denn unser Gehirn ist wesentlich aufnahmefähiger, wenn die beiden Gehirnhälften ausgeglichen sind.

Unsere linke Gehirnhälfte ist für sämtliche logische Aufgaben zuständig, wie denken, rechnen, schreiben, lesen, Arbeitsschritte verrichten. Es ist meisterhaft darin Unterschiede festzustellen und alles als einzelne Teile zu erkennen. Die linke Gehirnhälfte, ist also diejenige, welche wir in unserer westlichen Zivilisation hauptsächlich gebrauchen. Der Sinn des Sehens, wäre Ihr am ehesten zuzuordnen.

Die rechte Gehirnhälfte ist für sämtliche kreativen Prozesse verantwortlich. In Bildern tagträumen, malen, modellieren, Musik machen, Entspannung und kreatives Schaffen aller Art. Außerdem hat sie einen besonders guten Draht zur anderen Welt und unseren Träumen. Wir müssen wieder lernen diese Hälfte gezielt einzusetzen , da aus ihr Inspiration entspringt und sie uns die großen Zusammenhänge und Einheit aller Dinge erkennen läßt. Wo die linke Hälfte trennt, findet sie eine Gemeinsamkeit und läßt uns das große Ganze erkennen, also scheinbar Unvereinbares zusammenfügen.

Schon Buddah erkannte, daß der goldene Weg in der Mitte liegt, deshalb ist es wichtig, diese beiden Gehirnhälften wieder gleichwertig zu benützen. Also zuerst müssen wir die etwas vernachlässigte rechte Gehirnhälfte wieder nützen lernen, um dann beide Seiten zu verbinden und zu harmonisieren.

Wie können Sie dies nun erreichen? Zuerst müssen Sie lernen Ihre rechte Gehirnhälfte, als auch den Alpha Zustand, bewußt einzusetzen. Ihre rechte Gehirnhälfte bringt Sie in Kontakt mit Ihrem höheren Potential und der Alphazustand ermöglicht die nötige Entspannungsstufe, als auch eine höhere Ebene, auf der es keine Getrenntheit gibt, daher auch keinen Raum oder Zeit. Alles was existiert besteht aus Energie, daraus ergiebt sich, daß auch alles miteinander verbunden ist und Sie somit auch Zugang zu sämtlichem vor oder unvorstellbaren Potential haben. Alle großen Lehrer und Weisen wollten nicht zeigen, welche tollen Fähigkeiten sie besitzen, sondern daß die gleichen Fähigkeiten in jedem von uns gespeichert sind, und wir nur lernen müssen sie zu nützen!

Was müssen Sie nun tun? - Setzen oder legen Sie sich an Ihren ruhigen Ort. Machen Sie es sich so bequem wie nur irgendwie möglich. Sie müssen sich völlig entspannen können. Lockern Sie vielleicht durch leichtes schütteln ihren Körper. Erden und schützen Sie sich! Führen Sie Ihre Fingerspitzen aneinander, oder nur Daumen , Zeigefinger und Mittelfinger. Somit schließen Sie Ihre Energiebannen zusammen und vollziehen einen körperlichen Ausdruck, daß Sie sich nun völlig entspannen. Schließen Sie die Augen und drehen Sie diese leicht nach oben.

Machen Sie sich ganz bewußt, daß sie sich völlig entspannen, Ihre rechte Gehirnhälfte und Ihr sechstes Chakra aktivieren, um in Alpha zu gleiten. Ihr Gehirn arbeitet mit Impulsen und Bildern, deshalb sehen Sie vor Ihrem geistigen Auge Ihre rechte Gehirnhälfte und Ihr sechstes Chakra, wie sie aktiviert und heller werden. Um sich zu entspannen und kontrolliert in den Alpha Zustand zu gleiten, gibt es verschiedene Möglichkeiten:

Rückwerts zählen, tief atmen und Atemzüge zählen, Mandalas und Symbole mit unscharfem Blick betrachten, Mantras rezitieren oder singen, Musik hören (Mozarts Musik gleicht am ehesten der Herzfrequenz und hat sich als sehr beruhigend erwiesen, ebenso wie obertonreiche Musik)

Es geht immer darum, daß Sie sich völlig entspannen und durch eine monotone Handlung Ihren Verstand und Ihre Gehirnwellen zu Ruhe zu bringen. Ich rate Ihnen ein paar tiefe seufzerartige Atemzüge zu machen und dann von 100 bis 0 (Sie können auch mit einer höheren Zahl beginnen) hinunter zu zählen. Üben Sie einfach ein paar Tage pro Zahlenmenge (100, 50, 25, 10, 5), bis sie sich schon beim Rückzählen einer kleinen Zahl völlig entspannen können.

Wenn Sie in Alpha sind, dann verspüren Sie meist ein wohliges, angenehmes Gefühl, so als ob Sie gerade aus einem schönen Traum aufgewacht sind und noch halb schlafen. Das ist der Alpha Zustand! Je öfter Sie üben und lernen sich besser entspannen zu können, desto schneller und tiefer werden sie in den Alpha Zustand kommen können. Sie beenden den Zustand, indem Sie sehen wie wach und gut sie sich fühlen und zählen dann von 10-1 damit Sie wieder ganz geerdet sind!

Aus diesem Zustand heraus, können Sie sich nun um ein Vielfaches besser programmieren oder Ihre Wünsche erfüllen da Sie mit Ihrem vollen Potential über Ihre rechte Gehirnhälfte verbunden sind. Entspannen Sie sich einfach mit der vorher beschriebenen Methode. Nun stellen Sie sich in Bilder und so real wie nur möglich (wie in einem Kinofilm) vor, was sie erreichen möchten.

Setzen Sie sich zuvor hin und schreiben alle Ihre Probleme und Veränderungswünsche in einer Spalte auf. In der nächsten Spalte schreiben Sie sich (mit vielen positiven Eigenschaftswörtern) alles auf, wie es sein sollte. In der letzten Spalte schreiben Sie sich daraus eine Programmierung. Sie soll alle positiven Vorstellungen enthalten und so geschrieben sein, als ob es schon eingetreten ist. Z.B: <u>Problem:</u> Angst vor Wasser. <u>Wie es sein sollte:</u> angenehm, lustig, erfrischend, entspannend, wohltuend, sicher

72

fühlen. <u>Programmierung:</u> „Ich spüre wie sich das erfrischende Wasser sanft an meine Beine schmiegt und ich mich dabei sehr wohl und geborgen fühle. Es fühlt sich gut an, wie ich mich am Wasser jeden Tag noch mehr erfreuen kann!".

Wenn Sie sich mit der beschriebenen Methode entspannen und sich dann in lebhaften Bildern, mit all Ihren Sinnen und Ihrer Kreativität die gewünschte Situation vorstellen, dann werden Sie mit Erstaunen feststellen, daß es wirklich funktioniert! Und das Beste ist, mit jedem Mal Üben, werden Sie sicherer, trauen sich mehr zu und kommen in tiefere Bewußtseinsebenen, aus denen Sie dann noch besser Schaffen können. Am Anfang müssen Sie einfach konsequent üben und wenn sich dann die ersten Erfolge einstellen, werden Sie Ihre Fähigkeit Ihr Leben gestalten zu können, als Tatsache und Gegebenheit betrachten. Überlegen Sie sich einmal, wie viel Sie damit erreichen können und dann wägen Sie es ab mit ein wenig Zweifel oder Unglaube, ob das wirklich gehen könnte. Verleugnen Sie nicht die Möglichkeiten die in Ihnen stecken, den Sie können so viel Gutes schaffen!

Und noch etwas! Sehr oft sitzen wir zu Hause und machen uns Sorgen darüber, was wir nicht wollen. Genau das ist falsch, denn so bringen Sie sich ständig mit den Dingen in Kontakt, die Sie eigentlich nicht möchten.Setzen Sie sich hin, stellen sich bildlich vor was Sie möchten und behalten dieses Bild! Immer wenn Sie sich sorgen, dann löschen Sie dieses Vorstellung und betrachten die von Ihnen erwünschte Situation wie sie bereits eingetroffen ist. So bringen Sie sich mit dem in Kontakt, was Sie wirklich wollen und verwirklichen es so.

Sehen Sie sich die möglichen Hindernisse auf Seite 18 nochmal an und machen Sie Ihrer linken Gehirnhälfte nochmals klar, was Sie gewinnen können, wenn Sie voller Vertrauen erwarten, daß es eintritt. Setzen Sie sich Ziele, die Sie auch für möglich halten und vergewissern Sie sich, daß Sie dies auch wirklich wollen. Nach einigen Erfolgen werden Ihr Selbstbewußtsein und Ihr Vertrauen steigen. Es hat sich auch als sehr hilfreich erwiesen, wenn Sie sich kurz vor dem Aufstehen oder dem Schlafengehen programmieren, da Sie hier sowieso vermehrt Alpha Wellen erzeugen! Üben und programmieren Sie sich einfach täglich davor.

Sie können vor dem Schlafen in den Alpha Zustand gehen, den Schutz Ihrem Schutzengel übergeben, sich programmieren, daß Sie sich in der Früh klar an Ihren Traum erinnern, und schreiben ihn gleich nach dem Aufwachen auf. Wenn Sie das können, dann bitten Sie z.B. um die Lösung eines Problems im Traum. Wenn Sie ihn in der Früh aufschreiben, erhalten Sie hilfreiche Hinweise! Nehmen Sie Programmierungen auch auf Kassette auf, um sie beim Hören in Bildern zu sehen.

Kapitel 5

Warum es wichtig ist, mit Ihren Energien umgehen zu können

Obwohl wir uns als Mensch manchmal klein und unbedeutend fühlen, stecken in uns enorme Kräfte, die nur darauf warten sinnvoll genützt zu werden. Wir alle tragen in uns den mehr oder weniger selben DNS Code (99,9%), der uns mit den gleichen Fähigkeiten ausstattet.

Jesus versuchte seinen Jüngern immer beizubringen, daß das selbe Potential auch in ihnen steckt, sie müßten es nur nutzen. Obgleich das Wesen, das wir als Jesu kannten, ein ganz besonderes ist, so stecken doch auch seine Fähigkeiten tief im Bauplan eines jeden Menschen. Genau aus diesem Grunde, ist es so wichtig, unsere Fähigkeiten kennenzulernen und sie sowohl zu unserer Weiterentwicklung, als auch zum Wohle aller Lebewesen einzusetzen.

Es gibt zwei wichtige Gründe warum Sie mit Ihren Energien achtsam umgehen sollten! Zum Einen weil alles was Sie aussenden zu Ihnen mit 100% zurückkommt , zum Anderen schaden Sie Ihrer Umgebung und den darin lebenden Wesen, wenn Sie dauernd Ihre mit Ärger und Wut gefärbte Energie herumschleudern.

Es gibt noch viele andere Gründe, aber worum es hier geht, ist Ihnen sicherlich klar. Sie haben wahrscheinlich auch schon genügend Erfahrungen mit solchen unkontrollierten Energien am eigenen Körper erfahren. Sei es nun der Unmut Ihres Chefs, den Sie unbewußt auf Ihren Partner übertragen, oder einfach die miserable Stimmung einer Person in Ihrem Umfeld, die Sie übernehmen und sich dabei unwohl fühlen. Sie müssen sich darüber im Klaren sein, daß Sie ständig Ihre Stimmung an Ihre Umwelt aussenden und ebenso Stimmungen von anderen Leuten in Ihrer

Umgebung empfangen können. Genau aus diesem Grund ist es wichtig, daß Sie sich schützen, um nicht ständig in Resonanz mit niederfrequenten Schwingungen zu kommen, als auch bewußt und sorgsam mit den Schwingungen umzugehen, die Sie selbst aussenden.

Was passiert also, wenn Sie mit Ihren Energien einfach so herumschleudern?

Nehmen wir an sie wüßten von all dem, was in diesem Buch steht, nichts und würden ganz normal einkaufen gehen. Sie gehen also so die Straße entlang und sind eigentlich recht gut gelaunt. Plötzlich treffen Sie eine alte Bekannte, die sie lange nicht gesehen haben und unterhalten sich mit ihr eher oberflächlich. Sie verabschieden sich und setzen Ihre Einkäufe fort. Sie fühlen sich irgendwie geladen, so als ob Sie jemanden anschreien möchten und der ganze Einkauf erscheint Ihnen nun anstrengend. Die Verkäufer nerven Sie und zu all dem stoßt Sie auch noch eine äußerst unhöfliche Person an, die Sie beschimpft. Nach diesem anstrengenden Einkauf kommen Sie nach Hause und fallen über das Spielzeug Ihres Kindes, worauf Sie die Beherrschung verlieren und mit Ihrem Kind schreien. Was ein schöner Einkauf hätte sein können, hat sich zu einem dieser Tage entwickelt, an dem man lieber im Bett geblieben wäre.

Was ist hier eigentlich passiert? Erstens hatten Sie sich nicht geschützt, was zur Folge hat, daß Sie mit allen anderen Personen und deren Stimmungen ständig in Kontakt stehen und dazu auch schneller ermüden. Dann haben Sie eine Bekannte getroffen, die alles andere als gut gelaunt war, da ihr Mann ständig alles herumliegen läßt und ihr ganz und gar nicht im Haus hilft. Aufgrund dieser nervenden Situation war sie sehr wütend und zornig auf ihren Mann, was sich in der Frequenz ihrer Schwingung deutlich bemerkbar machte. Unbewußt wurde diese Wut von Ihrer Bekannten auf Sie übertragen und Sie gerieten in Resonanz mit dieser Wutschwingung. Zum einen fühlten Sie sich wütend, ohne zu wissen warum und zusätzlich sendeten Sie nun diese Wutschwingung an andere aus. Da Gleiches nun mal Gleiches anzieht, begegneten Ihnen nun genau die Leute, die auch eher wütend und zornig waren. All dies führte zu einer Überlastung, die Sie in Form eines Wutausbruches an Ihrem eher unbeteiligten Kind ausließen.

Was Ihnen im Nachhinein wahrscheinlich leid tut und Sie sich deshalb auch noch Vorwürfe machen.

Sie sehen also, daß Sie sehr wohl einen großen Einfluß darauf haben, was Ihnen so im Laufe Ihres Lebens widerfährt. Das beinhaltet aber auch die große Verantwortung mit Ihren Energien verantwortungsvoll umzugehen. Sie können andere Leute mit Ihrer guten Laune förmlich anstecken und Ihnen ein kleines Lächeln entlocken, da Sie sich wieder an die Freude erinnern, die das Leben zu bieten hat. Sie können sich auf Grund der Schwingungen von Gefühlen und Gedanken die Sie aussenden die Dinge wählen, welche ihnen widerfahren sollen. Sie können auch andere Personen dadurch inspirieren und sich einfach glücklicher fühlen lassen. Genau aus diesen Gründen ist es mehr als lohnend, wenn Sie damit beginnen sich Ihre Schwingungen bewußt auszusuchen und somit Kontrolle über Ihre Energie zu erlangen.

Ohne Schutz gerät man oft in Resonanz mit niederfrequenten Schwingungen anderer Wesen - mit Schutz bleibt Ihr ganzes Körpersystem geschützt & stabil

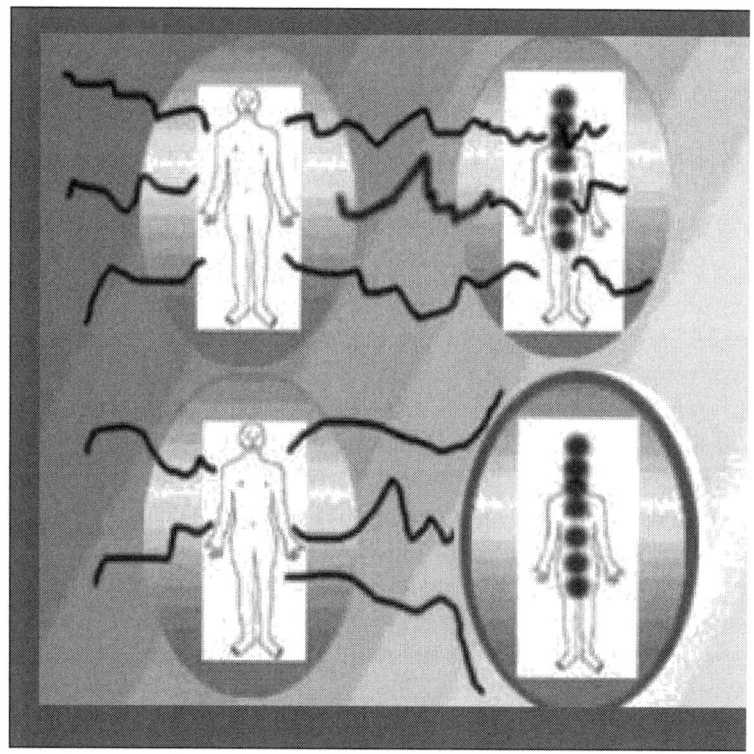

Wenn Sie Ihr Körpersystem schützen, geraten Sie nicht so schnell in Resonanz mit niederfrequenten Schwingungen, die Sie schwächen oder auch schädigen könnten. So können Sie selbst wählen, wie Sie sich fühlen möchten. Um nun zu erlernen wie das funktioniert, ist es hilfreich, wenn Sie die zuvor erwähnten Energieübungen trainieren und anwenden.

Kurz zusammengefaßt: Viel Wasser trinken, die drei Hauptenergiesysteme rein halten und zum Fließen bringen, Visualisationsübungen, wobei der Aufbau des Schutzes an oberster Stelle steht, Atemübungen und Körpertraining. All diese Dinge helfen Ihnen dabei Ihr gesamtes Körpersystem widerstandsfähig, gesund und fließend zu halten, was bei den täglichen Anforderungen, welche Ihnen das Leben bietet, sehr hilfreich sein wird. Sie können die Kontrolle über Ihre Energien in allen Lebenssituationen üben, welche Ihnen begegnen und meist geht es darum Ihre Energie einfach fließen zu lassen. Beobachten Sie einmal ihren Atem, wenn Sie etwas sehr ärgert.

Sie werden bemerken, daß man oft für kurze Zeit die Luft anhält. Durch diesen Stau in Ihrem Energiefluß stockt die Energie und Sie fühlen sich nicht mehr wohl, bis die Energie wieder fließt.

Wir erleben dies hunderte Male am Tag und genau dies sind auch die Übungsplätze, welche uns sozusagen vom Leben zu Verfügung gestellt werden. Wir entscheiden wie wir auf die unterschiedlichen Situationen reagieren möchten. Mit zunehmendem Training werden Sie auf eine Situation nicht nur reagieren, sondern werden entscheiden, was Sie darüber denken und fühlen möchten, oder wie Sie handeln.

Ich spreche hier nicht davon, das spontane Fühlen oder Denken einfach nach starren Regeln abzudrehen, so daß mir nichts mehr etwas anhaben kann. Vielmehr geht es darum sich von seinen angelernten Verhaltensmustern zu lösen um den Weg den man gehen möchte, selbst zu wählen. Dazu braucht es am Anfang einfach sehr viel Selbstüberprüfung.

Sehr hilfreich kann es auch sein, einfach ein Gedankentagebuch zu führen, um einmal nachzulesen, worüber man sich so den lieben langen Tag Gedanken oder Befürchtungen macht. Dies ermöglicht Ihnen auch zu sehen, welche Programme und daraus resultierende Entscheidungen Sie gewohnt sind, im Kopf ablaufen zu lassen. Wenn Sie die Ergebnisse dann mit Ihrem

Leben vergleichen, werden Sie wahrscheinlich Parallelen bemerken. Deshalb empfehle ich Ihnen solch ein Tagebuch für einige Zeit zu führen.

Generalreinigung

Wenn Sie wirklich etwas in Ihrem Leben ändern wollen, oder einige Verhaltensmuster und Probleme lösen möchten, dann empfehle ich Ihnen ein Programm für mehrere Tage, daß aus Klarwerdung & Lösung, Vergebung, Reinigung, und Neuprogrammierung bestehen sollte.

Klarwerdung & Lösung: Zuerst schreiben Sie sich alle Probleme, Änderungswünsche und Konflikte auf, die Ihnen bewußt sind, dabei sollten Sie sehr gewissenhaft vorgehen. Dann schreiben Sie davon ausgehend alles auf, wie es sein sollte und danach schreiben Sie die Programmierungen und Vorgehensweisen.

Vergebung: Nehmen Sie alle Situationen her, in denen Sie jemanden verletzt haben, oder selbst verletzt wurden. Klären Sie diese, indem Sie sich in den Alpha Zustand versetzen, mit den betreffenden Personen sprechen und alles klären, was für Sie wichtig ist, wenn nötig gemeinsam eine Lösung suchen oder vergeben. Fühlen Sie dabei, wie es sich anfühlt wenn dies nun bereinigt ist. Wenn Sie keine Lösung finden können, dann bitten Sie um Hilfe, oder sie machen das Geschehene rückgängig, b.z.w. verändern es, da es im Alphazustand weder Zeit noch Raum gibt. Lernen Sie so zu verzeihen, Sie sollten auch speziell mit sich selbst reden und sich alles vergeben. Machen Sie sich bewußt, daß all diese ungelösten Probleme noch immer an Ihnen haften und Sie viel Energie kosten. Deshalb ist es nun wirklich an der Zeit Friede zu machen, damit Sie sich ungehindert weiterentwickeln können.

Körperreinigung: Machen Sie auch die Körperreinigung, die auf Seite 64 beschrieben ist, um alle Körperblockaden wieder fließen zu lassen. Reinigen Sie Ihr System während dieser ganzen Zeit sehr oft und trinken Sie sehr viel Wasser! Sie können Ihren Körper auch zu dehnen beginnen um flexibler auf allen Ebenen zu werden!

Neuprogrammierung: Beginnen Sie alle Ihre zusammengestellten Programmierungen zu aktivieren, wie auf Seite 70-73 beschrieben. Mit Erfolgsbildern, die sie sofort einsetzen, wenn Sie sich Sorgen machen, Kassetten mit Programmierungstexten zum Hören und bildlich dabei Vorstellen.

78

Kapitel 6

Wie Sie das Gelernte im Alltag anwenden

Sie haben in den vorangegangenen Kapiteln vieles über Ihr Körpersystem, Reinigung, Energien, Gedanken und Emotionen gelesen. Um diese Informationen für sich selbst zu nützen, müssen Sie diese zum Leben erwecken. Dies machen Sie indem Sie diese einfach anwenden und leben, ansonsten wird das wieder einmal so ein Buch, in dem viel Wahres und Wissen steckt, das aber mit einer anerkennenden Miene von Ihnen in Ihrem Buchregal verstaubt.

Dieses Buch erzählt vom Leben und das Leben will nun einmal gelebt werden, mit allen seinen Eigenheiten und wundervollen Erscheinungen. Nehmen Sie sich einfach den Teil des Buches her, der Sie besonders angesprochenhat und beginnen Sie diesen in Ihr Leben einfließen zu lassen.

Neben den Dingen, die ich im vorherigen Kapitel nochmals aufgezählt habe, die Sie dabei unterstützen wieder die Kontrolle über Ihre Energien zu erlangen, ist es besonders wichtig zu erlernen, sich selbst die Gedanken und Emotionen zu wählen, indem man die gewünschten bildlich sieht und fühlt. Dies ist deshalb so wichtig, da sich Ihre verschiedenen Gedanken als auch Ihre Emotionen verbinden und so eine Art Sendestationen schaffen, die gleiche Schwingungsmuster anpeilen und anziehen. Dies bedeutet also, daß Sie einfach Ihre Gedanken und Gefühle im Laufe eines Tages und in verschiedenen Situationen beobachten und durch gewünschte ersetzen.

- Wenn Sie etwas bemerken, das Sie eigentlich nicht denken oder fühlen wollen, dann verabschieden Sie sich davon und senden diese Schwingung, die Sie nun nicht mehr brauchen ins Universum, damit sie sich wieder in reines Licht und Liebe wandle. Zum Einen, haben Sie sich von der niederfrequenten Schwingung, die Sie gestört hätte, losgelöst und zum Anderen haben Sie diese Schwingung dem Licht entsprechend entsorgt und um Umwandlung gebeten, was zum Wohle aller dient. Zusätzlich ist es auch sehr gut, wenn Sie die „verabschiedete Schwingung „ durch eine andere ersetzen, indem Sie sich einfach das Gefühl oder den bildlichen Gedanken vorstellen, den Sie möchten. Somit ersetzen Sie eine alte Schwingung, durch eine neue, von Ihnen selbst gewählte.

Sie werden feststellen, daß Sie im Laufe eines Tages sehr viele Möglichkeiten erhalten, um unerwünschte Gedanken und Gefühle durch neue, von Ihnen gewünschte, zu ersetzen. Seien Sie standhaft und konsequent, denn am Anfang wird Ihnen dies wahrscheinlich mühselig erscheinen. Mit der Zeit werden Sie das aber ganz automatisch machen und hinzu kommt, daß die hochfrequenten Schwingungen und damit auch lichtvolle Gedanken und Gefühle zunehmen werden.

Nach einiger Zeit können Sie die Formulierung:

Ich verabschiede mich von dieser Schwingung,
da ich sie nicht mehr benötige und entlasse sie jetzt ins Universum,
damit sie sich in reines Licht und Liebe wandle, die mich erfüllt.

auch durch ein Symbol ersetzen, das genau für diese Worte steht, eine Farbe ein Bild oder ein Ton, was für Sie auch immer diese Worte am besten wider gibt. Somit müssen Sie nicht immer die ganze Formulierung aufsagen.

Sie können natürlich auch andere Formulierungen zur Reinigung oder zum Ersetzen der Schwingung verwenden. Sie können diese selbst erfinden, oder schon sehr kräftige aus verschiedenen Religionen verwenden wie:

· Kadoish Kadoish Kadoish Adonai Tsebayoth

· Friede sei mit Dir

. Amen

- Gloria in excelsis deo

- Bismilla il rachman il rachim

- La illae illa la

- Licht und Liebe sei mit Dir

- Im Namen des Herrn

... und noch viele andere, die Sie je nach Gebrauch einsetzen können; zur Reinigung, zum Setzen einer neuen Schwingung oder um sich auszurichten.

" Gott sprach es werde Licht und es wurde Licht"

In den verschiedensten Kulturen, kennt man die ursprüngliche Macht des Wortes und hat diese auch immer wieder verwendet um zu beten, zu meditieren, oder um mit einer bestimmten Schwingung in Kontakt zu treten.

Im Indischen, nennt man diese Worte "Mantras", die aus dem Sanskrit, der sehr kräftigen altindische Literatursprache, stammen.

In allen Kulturen gibt es solche Kraftwörter, die oftmals hintereinander gesprochen werden, um voll mit dieser Schwingung in Resonanz zu treten. So als ob man die selbe Nummer immer und immer wieder anwählen würde. Wenn Sie Mantren in so intensiver Form ausüben möchten, dann sollten Sie einige Regeln beachten.

Besonders mit solchen Kraftwörtern sollte man vorsichtig und achtsam sein, da diese Sie mit sehr kräftigen Schwingungen in Kontakt bringen können, für die man vielleicht noch nicht bereit ist. Deshalb suchen Sie sich nur die Mantren aus, bei denen Sie sich völlig sicher sind, daß sie zu Ihnen passen und bitten Sie Ihren Schutzengel, daß sie dieses Mantras nur im Sinne und unter dem Schutz des Lichts anwenden können.

Hier noch einige Arten, wie Sie das Gelernte im Alltag anwenden können

· Verbinden Sie Reinigungsübungen, Neuprogrammierungen oder Wünsche, die Sie verwirklichen möchten, mit alltäglichen Handlungen. Sie bekommen dadurch Übung und Konsequenz, da Sie die beiden Tätigkeiten einfach verbinden. Außerdem binden Sie diese in ihr Leben ein und machen sie zu einem Teil daraus.

Reinigungsübungen (und Formulierungen dazu) können Sie zum Beispiel mit alltäglichen Reinigungsvorgängen verbinden. Solche wie Wohnungsreinigung, Zähne putzen, Duschen, Müll hinaus tragen, Wäsche waschen, Gartenarbeit, Ihre Toilette und vieles mehr.

· Gehen Sie mit Freude und einer Leichtigkeit an die Dinge heran und binden Sie die verschiedenen Übungen und Neuigkeiten spielerisch in Ihr Leben ein. Haben Sie Freude daran, es auszuprobieren und sich weiter zu entwickeln, dann wird es Ihnen ganz einfach vorkommen. Denn so wie Sie an eine Sache herangehen, so wird sie sich Ihnen auch darstellen und entfalten.Erwarten Sie, daß es unmöglich wird alle Gedanken und Emotionen neu zu schreiben, dann wird das für Sie ziemlich sicher auch unmöglich sein.Dies gilt aber genauso für den umgekehrten Fall!

· Machen Sie nur die Dinge, die für Sie auch richtig erscheinen. Es hat keinen Sinn etwas auszuüben, nur weil Sie hoffen, es könnte etwas bringen oder weil Sie glauben der wird schon recht haben. Folgen Sie einzig und allein Ihrem Herzen, denn Sie müssen es mit Freude tun, auch wenn es manchmal schwierig ist, oder Sie sehr beansprucht. Sie müssen Freude daran haben und mit ganzem Herzen dabei sein. Letztendlich möchten Sie glücklich sein und Freude erleben, als auch anderen ermöglichen. All dies sind nun einmal Merkmale des Lichts, das immer Freude und Liebe beinhaltet. Sich aus irgendwelchen Prinzipien oder starren Vorstellungen hindurch zu quälen, bringt niemanden etwas, deshalb tun Sie es mit Freude oder besser gar nicht.

· Seien Sie unkompliziert in Ihren Handlungen und Ideen! Wenn Sie etwas ändern möchten, dann tun Sie das einfach und beginnen jetzt damit. Wenn Sie mit Engeln sprechen möchten, warten Sie nicht auf die spontane Erleuchtung, sondern reden einfach mit den Engeln, so wie Sie es auch mit einem Freund tun würden. Wenn Sie Hilfe oder Rat in einer Situation brauchen, dann bitten Sie einfach um Hilfe und um einen Rat und beginnen damit sich selbst zu helfen.

- Da gibt es diesen Witz von einem Pfarrer, dessen Haus überschwemmt wird. Er betet zu Gott und bittet Ihn um Hilfe, da er immer ein gottesfürchtiger Mann gewesen sei. Eine Nachbarsfamilie hat Ihr Schlauchboot aufgeblasen und bot dem Pfarrer an mit zu fahren. Dieser dankte und meinte, „Der Herr beschützt mich". Dann kam ein Rettungsboot vorbei, aber der Pfarrer meinte nur: " Der Herr gibt auf mich acht." Schließlich als das Wasser schon bis zur Dachspitze reichte, kam ein Hubschrauber um den Pfarrer zu retten. Dieser dankte und verwies abermals auf den Herrn. Das Wasser stieg noch höher und der Pfarrer ertrank. Im Himmel angekommen, wollte der Pfarrer sich schon beschweren, ihn als Gottesmann einfach im Stich zu lassen. Der Herr antwortete nur: " Ich habe Dir viele meiner Helfer geschickt. Wenn Du die Hilfe nicht annimmst, kann ich auch nichts machen."-

" Hilf Dir selbst und Dir wird geholfen werden" – Das Universum begegnet Ihnen immer auf dem halben Weg und streckt Ihnen die helfende Hand entgegen. Sie müssen sich nur ein Stück bewegen und die Hilfe annehmen.

· Versuchen Sie nicht alle Punkte auf einmal zu machen. Nehmen Sie sich lieber ein Thema her und stellen einen Tag unter dieses Motto, um zu sehen, wie Sie am besten an das Thema herangehen können. Besser mit ein paar Minuten konzentriertem Üben täglich beginnen, als drei Tage viel zu machen und dann erschöpft aufgeben.

Stellen Sie sich einen Plan zusammen, was und wie Sie es machen wollen. Legen Sie sich auch eine Zeitspanne und eine Uhrzeit fest, um nicht die Konsequenz, die gerade am Anfang so wichtig ist zu vergessen.

- Schauen Sie sich den von mir zusammengestellten Plan an und stellen ihn dann auf Ihre individuellen Bedürfnisse um. Sie können auch kreativ ganz anders an das Thema herangehen. Es geht eigentlich immer nur darum, daß Sie sich mit der Materie und den Übungen vertraut machen, um ein Gefühl dafür zu bekommen, wie Sie dieses Buch für sich optimal nützen können.

- Nützen Sie Ihre alltäglichen Beschäftigungen und Aufgaben dazu, Ihre Übungen zu machen. Wenn Sie gerade zu Fuß unterwegs sind, dann machen Sie dabei Atemübungen an der frischen Luft, wenn Sie sich die Hände waschen, dann reinigen Sie dabei auch Ihre Aura. Wenn Sie auf jemanden warten müssen, nützen Sie die Zeit um sich eine gewünschte Sache vorzustellen, wie sich das anfühlt, oder beobachten Ihre Gedanken und reinigen, beziehungsweise ersetzen Sie diese durch neue. Es gibt viele Betätigungen, die Sie mit einer Übung verbinden können, seien Sie einfach spielerisch und kreativ.

- Nützen Sie jede Gelegenheit , die sich Ihnen bietet! Wenn Sie zum Beispiel eine Unterredung mit jemandem haben und bemerken, daß Sie etwas aufgeregt sind, oder sich etwas in Ihnen nicht gut anfühlt, dann beginnen Sie sofort ruhig und tief zu atmen, aktivieren Sie Ihren Schutz noch einmal, bitten um Hilfe, denken daran, daß Sie sich mit der Person so gut wie möglich unterhalten möchten und das Sie einander gut verstehen. Entlassen Sie die niederfrequenten Schwingungen ins Universum und richten sich nach etwas Schönem aus.

Nützen Sie Ihr Wissen und setzen Sie es besonders in solchen Situationen ein, da Sie sich so viel Ärger und innerliche Unruhe ersparen. Diese sozusagen gesparte Energie können Sie anderswo sicherlich viel besser nützen und verwenden.

Legen Sie sich eine Bestelliste von Dingen zu, die Sie gerne ändern oder auch verwirklichen möchten. Schreiben Sie sich dann zu jedem Thema Ihre Gefühle, Gedanken aber auch Befürchtungen auf, die sich normalerweise bei der Beschäftigung mit diesem Thema einstellen. Bitten Sie dann das Universum diese Liste aufzunehmen und Ihren Auftrag so bald als möglich zu erfüllen. Sie können natürlich auch ein Datum angeben. Sorgen Sie sich nicht, sondern freuen Sie sich und nehmen es einfach als Tatsache hin, daß Ihr Auftrag geliefert wird.

- Nehmen Sie sich dann, unabhängig von ihrer Bestellung, nochmals jedes einzelne Thema her und beginnen damit, alte Überzeugungen, Gedanken und Gefühle, entspannt und in Alpha , zu entlassen. Ersetzen Sie diese durch Gewünschte. Stellen Sie sich dies in Bildern vor, als ob es schon   eingetroffen ist und freuen sich einfach darüber.

- Beginnen Sie außerdem alle Schritte zu setzen, die Sie tun können und möchten, um zu dieser gewünschten Veränderung beizutragen. Machen Sie sich auf und helfen sich selbst. Nützen Sie die Möglichkeiten, die sich Ihnen bieten, anstatt wie der Pfarrer, der in dem Witz beschrieben ist, zu ertrinken.

Wenn Sie zum Beispiel ein Buch schreiben und es anschließend veröffentlichen möchten, dann warten Sie nicht, bis sich ein Verleger bei ihnen meldet um Ihr „bestes Stück" herauszubringen, sondern geben Sie eine Bestellung auf, richten Sie sich unabhängig von dieser auf den Wunsch aus, indem Sie sich neu programmieren und gehen Sie vor allem los und tun alles, was Sie tun können um einen Verleger zu finden, der Ihren Erwartungen gleich kommt.

Sie finden auf der nächsten Doppelseite eine mögliche Tabelle, in der ganz allgemein die verschiedenen Themen aufgelistet sind, die Ihnen dabei helfen, wieder Kontrolle über Ihre Energien zu erlangen. Nehmen sie diese Tabelle nur als Anregung, um sich Ihre Auflistung zu machen, die Ihnen einzig und allein dazu helfen soll, einen kleinen Überblick über die verschiedenen Bereiche zu erhalten. Sie können sich dann selbst leichter überprüfen, ob und wie Sie das Wissen in Ihrem Leben anwenden und welche Erfolge sich dabei einstellen.
Lassen Sie Ihre Kreativität spielen und versuchen Sie die beste Methode - für sich - herauszufinden.

Konsequenztabelle:

Übung	Welche	Situation	Dauer	Ergebnis	Anmerkung
Gedanken: Beobachten, Entlassen, Ersetzen mit neuen gewünschten					
Emotionen: Beobachten, Entlassen, Ersetzen mit neuen gewünschten:					
Atem: Übung, Beobachten, bewußtes Einsetzen					
Visualisation: Ersetzen durch Gewünschtes, Ausrichten					
Reinigung: Gedanken, Emotionen, Körpersystem					
Neuprogrammierung: Alte Überzeugungen ersetzen					
System stärken: Chakren, Meridiane, Aura, Körper					
Körperübungen: Dehnen, Krafttraining, Koordination, ruhige, fließende Übungen					
Tätigkeiten, welche die Schwingung erhöhen: Tönen, Channeln, Invokation...					
Schutz stärken: Visualisation, stärker Aufbauen, Aktiviere					
Wasser: 3 Liter pro Tag Reinigung					
Meditation & Bitten:					

In der ersten obersten Reihe der Liste sind die grundsätzlichen Überbegriffe angeführt, die folgendes bedeuten:

Übung - gibt einfach die Art der Übung und ihre verschiedenen Themen, die sie betreffen, an.

Welche- bezieht sich auf die spezielle Art der Übung wie zum Beispiel eine Atemübung im Verhältnis 2:1, also genauere Angaben, als auch um die Art des Gedankens, der Emotion im Speziellen.

Situation- Soll angeben in welcher Situation Sie die Übung gemacht haben, einfach zur Übung, oder in einem Gespräch... .

Dauer- Soll angeben, wie lange Sie diese Übung ungefähr gemacht haben, damit Sie selbst einen Überblick erhalten wie lange Sie sich für eine Übung Zeit nehmen oder nicht.

Ergebnis- Hier können Sie eintragen welchen Erfolg Sie mit der Übung erzielt haben, ob Sie mit einer Situation besser zurechtgekommen sind, oder ob Sie schon eine Veränderung in Ihrem Verhalten bemerken.

Anmerkung- Diese Spalte ist dazu gedacht, sich kurz zu notieren, was Ihnen im Speziellen während der Übung aufgefallen ist, oder wo Sie bemerkt haben, daß Sie an diese Übung noch anders herangehen sollten.

Hier nochmals eine kurze Auflistung, worum es inhaltlich in den einzelnen Übungen geht:

Gedanken: Beobachten, welche Gedanken Sie so im Laufe des Tages haben, wenn Sie schädliche Gedanken bemerken, entlassen Sie diese ins Universum, ersetzen sie durch neue Gedanken, welche sich mit dem Gewünschten beschäftigen.

Emotionen: Behandelt die selben Themen die bei der Rubrik Gedanken beschrieben wurde.

Atem: Verschiedene Arten von Atemübungen, seinen Atem in verschiedenen Lebenssituationen beobachten und korrigieren, bewußter Einsatz der Atmung in schwierigen Situationen oder zur Entspannung.

<u>Visualisation:</u> Gezieltes Vorstellen von gewünschten Situationen in Bildern, Tönen, Gerüchen, sowohl um schädliche zu ersetzen, als auch um sich mit positiven Schwingungen in Kontakt zu bringen (Entspannen-Alpha Zustand!).

<u>Reinigung:</u> Entlassen von schädlichen Gedanken und Gefühlen mit verschiedenen Techniken, Reinigungstechniken für Chakren, Meridiane, Aura und den grobstofflichen Körper.

<u>Neuprogrammierung:</u> Entspannen (Alpha Zustand!). Alte Überzeugungen und Verhaltensregeln entlassen und durch neue gewünschte ersetzen.

<u>System Stärkung:</u> Energiearbeit, um die eigene Lebensenergie zum Fließen zu bringen, durch Arbeit an den Chakren, den Meridianen, der Aura und dem grobstofflichen Körper, als auch Wasser trinken und Ernährung.

<u>Körperübungen:</u> Um flexibel zu bleiben und um sowohl ein starkes Körpersystem aufzubauen, als auch keine Körperblockaden zuzulassen. Dehnung um den Körper flexibel zu halten, Krafttraining um ihn zu stärken, Koordination um die Gehirnbahnen anzuregen und neue Verbindungen zu knüpfen und sanfte Techniken (Tai Qi, Qi Gong, Wu Shu...) um ein Gleichgewicht und eine Ruhe des Körpers zu gewährleisten.

<u>Wasser:</u> Bei einem gesunden System 3 Liter Wasser pro Tag, um die Lebensenergie gut im Körper fließen zu lassen und so mit den Alltagsanforderungen gut zurechtzukommen. Als auch zur Reinigung des Körpers, innerlich um auszuspülen und äußerlich um zu reinigen.

<u>Schutz stärken:</u> Visualisationsübungen um den Schutz immer besser aufzubauen und ihn stabiler zu machen, zwischendurch immer wieder einmal an ihn denken und ihn aktivieren, im Besonderen aber in schwierigen Situationen, wenn es im Vorhinein klar ist, daß es anstrengend für ihr System wird, wie zum Beispiel: Große Menschenmassen, nervende Personen, Streitschlichtung und noch vieles mehr.

<u>Tätigkeiten welche Ihre Schwingung erhöhen:</u> Beschäftigungen die zu Ihrer Weiterentwicklung beitragen und Sie mit hochfrequenten Informationen in Verbindung bringen, wie Tönen, Channeln, Musik machen, Beschäftigung

mit Steinen, Essenzen, Literatur über Energiearbeit oder hochfrequenten Inhalten und vieles mehr.

Meditation und Bitten: In sich hinein horchen, der Stille lauschen, mit Lichtwesen Kontakt aufnehmen, mit Engeln und Lichtwesen sprechen und sie um etwas bitten, den Tag ruhig betrachten, sich in die Natur setzen und zuhören und vieles mehr.

Wenn Sie nicht mehr so genau wissen sollten, wie Sie die einzelnen Übungen machen sollen, lesen Sie einfach noch einmal nach, oder besorgen sich zum einen oder anderen Thema noch weitere Informationen, wobei Ihnen die angeführte Literaturliste vielleicht weiterhelfen kann.

Natürlich können Sie auch sehr viel Erfahren, wenn Sie sich einfach einmal hinsetzen und die Übung ausprobieren. Sie werden wahrscheinlich auf viele Dinge kommen, welche in keinem Buch beschrieben sind und außerdem gilt immer noch:

" Wenn ein Vogel und ein Buch anderer Meinung sind, dann halte Dich an den Vogel".

Es liegt in der Natur und auch in Ihnen, sehr viel Wissen und Weisheit verborgen, die uns immer etwas beibringen werden, wenn wir bereit sind einfach zuzuhören. Begeben Sie sich auf eine Reise und werden Sie zu dem Wesen, das Sie im Grunde schon immer gewesen sind.

Kapitel 7

Warum wir unbegrenzte Wesen sind

Im Laufe unserer menschlichen Geschichte entwickelten wir uns immer wieder weiter, haben neues Wissen errungen und sind neue Wege gegangen, um unser Leben zu gestalten. Wir haben uns als Steinzeitmenschen entwickelt, haben Werkzeuge erfunden, lernten uns zu verständigen mit Sprache, Zeichen und Schrift, wir haben Gesellschaften und Kulturen entwickelt, die unglaubliche Dinge hervorbrachten. Wir haben besonders im 19 und zwanzigsten Jahrhundert Erfindungen und Entdeckungen gemacht, die alles was wir uns jemals vorgestellt haben übertrafen.

Diese Errungenschaften haben immer wieder unser Weltbild erschüttert und uns wieder und wieder bis dahin unüberwindbare Grenzen außer Kraft setzen lassen. Gesetze wurden aufgestellt und durch eine neue unglaubliche Entdeckung wieder erneuert. Zu jeder Zeit haben die Menschen geglaubt, sie wüßten wie die Welt wirklich beschaffen sei, da ihnen dies, die zu ihrer Zeit gültigen Weltregeln auch widergespiegelt haben.

Selbst in unserem jetzigen 21. en Jahrhundert, wo wir so weit fortgeschritten sind, auf medizinischen, technischen und auch anderen Gebieten, glauben wir immer noch, daß die Welt so ist, wie wir sie jetzt kennen. Immer wieder neue Erfahrungen, lassen uns einen Teil zu unserem Weltbild hinzufügen, jedoch vollständig werden wir es auch mit den großartigen wissenschaftlichen Errungenschaften niemals in ihrem ganzen Wesen erfassen können, denn wir sind um vieles mehr, als uns bewußt ist. Das einzige was uns davon abhält die vollkommene Wesen zu sein, die wir schon immer waren, ist unser Bewußtseinsgrad.

Die Wissenschaft hat heute schon die Möglichkeiten, immer feinere Schwingungen zu messen. Wenn man früher gesagt hätte, daß alles aus winzig kleinen Atomteilchen besteht die herumschwirren und daß nichts wirklich fest ist sondern in ständiger Bewegung, dann mußte man schon froh sein, wenn man nicht aufgehängt wurde, oder für immer in eine Nervenanstalt gehen mußte.

Heute ist die Dominanz der Wissenschaft sehr groß und wenn etwas nicht wissenschaftlich belegt ist und als allgemein gültig anerkannt wird, dann wird man schon sehr schief angesehen, wenn man sich mit solchen Themen beschäftigt, oder dies sogar zu seinem Beruf macht. Wenn ich Ihnen zum Beispiel von den 3 Hauptenergiesystemen erzählt habe, dann konnte erst die Wirkung eines davon, vor gar nicht all zu langer Zeit, auch wissenschaftlich nachgewiesen werden. Dies sind nämlich die Akupunkturmeridiane.

In China und anderen Kulturen kennt man diese schon seit mindestens 6000 Jahren um Menschen mit Ihren Problemen effektiv zu helfen. Wenn sie vor 10 Jahren mit diesen Akupunkturmeridianen in Europa gearbeitet hätten, wären Sie von vielen Ärzten und Wissenschaftlern eher belächelt, oder als Scharlatan abgetan worden. Erst mit sehr feinen Meßgeräten, wurde an der Technischen Universität Graz nachgewiesen, daß diese sogenannten Akupunkturpunkte ganz bestimmte Bereiche stimulieren. Da es nun bewiesen ist, gibt es sie also. Der Wissenschaft zu Folge gab es diese Meridiane also vorher nicht, da es nicht nachprüfbar war, doch jetzt sind sie anscheinend spontan aufgetaucht. Dies stellt für mich an und für sich ein noch größeres Wunder dar, als daß man einfach gesagt hätte, wir wissen es nicht, vielleicht gibt es sie, man kann sie auch fühlen, aber noch nicht messen.
Worauf ich eigentlich hinaus will ist, daß es laut Wissenschaft und vielen Menschen etwas nicht gibt, nur weil es gerade nicht nachgewiesen werden kann. Gefühle wie Liebe und Freundschaft können auch noch nicht gemessen werden, jedoch wird keiner abstreiten, daß solche Gefühle auch wirklich existieren.

Gehen wir noch einen Schritt weiter und führen uns noch einmal vor Augen, das alles aus Schwingung besteht und ich meine wirklich alles. Dem zur Folge, ist alles, was wir als Realität kennen, nur Schein und Trug, denn im Prinzip ist jeder Mensch, jedes Lebewesen und alle Dinge nichts anderes als Schwingung, wobei jede Erscheinung davon eine unterschiedliche Frequenz hat, die Ihre Einzigartigkeit ausmacht. Die Wissenschaft mißt zum Beispiel Töne und deren Wellenlänge in der physikalischen Maßeinheit Hertz. Die Erde hat eine Frequenz von 0,00001160576 Hertz, oktaviert man die Frequenz (so wie Sie das aus der Musik kennen, wo ein G zu einem um eine

Oktave höherem Ton gemacht wird, welches dann als ein eingestrichenes G erklingt), 24 mal, dann erhalte ich den hörbaren Ton G. Oktaviere ich diese Frequenz nochmals um 40 Oktaven, dann erhalte ich die Frequenz, welche als Farbe gesehen werden kann, nämlich ein Orangerot. Gehe ich noch eine Oktave weiter, dann erhalte ich die Eigenschwingung unseres Lebensbausteines der DNS.

Alles ist Schwingung und ein einziger Ton, (wie das im oberen Beispiel beschriebene G), der für uns immer gleich klingen würde solange er in unserem hörbaren Frequenzbereich liegt, kann so viele verschiedene Erscheinungsformen hervorbringen.

Die Wissenschaft kann schon viele Dinge messen und je feiner die Schwingungsmeßgeräte werden, desto feinere Erscheinungen kann man messen. Früher konnte man Meridianbahnen nicht nachweisen, heute kann man in feinere Schwingungsbereiche vordringen und die Wirkung von Meridianen beweisen.

Bei einer derartigen Entwicklung, wäre es gar nicht weit hergeholt, daß man auch andere bis jetzt noch als Hirngespinste abgetane Schwingungen wie Chakren, die Aura, Engelwesen oder andere Lichtwesen, als auch andere, feiner schwingende Dimensionen als die unsere, nachweisen wird. So werden sich diese Erkenntnisse letztendlich in die lange Kette von neuen Erfahrungen, in unserer Geschichte als Menschen, einreihe. So könnten Engel oder Reisen in andere Dimensionen für unsere Kinder und nächsten Generationen etwas ganz Normales und in der Gesellschaft anerkanntes sein.

Doch für viele Menschen ist diese Vorstellung noch genauso lächerlich, wie es die Vorstellung von unseren Vorfahren war, daß der Mensch einmal fliegen würde, am Mond spazieren ginge und sich über Tausende von Kilometern unterhalten würde.
Jede Zeit hatte ihre gesellschaftlichen Vorstellungsgrenzen und es gab und gibt immer wieder Leute, die sich mit diesen Vorstellungen und Begrenzungen nicht zufrieden gaben und träumten. Sie träumten so lange, bis sich ihr Traum erfüllte und zur allgemeinen Realität wurde. So beugten sich einige Seefahrer nicht der Vorstellung, daß die Erde an den Enden Ihrer Scheibe endete, machten sich auf und fanden neue Länder. Wissenschaftler beugten sich nicht den allgemein gültigen Grenzen und entdeckten, daß die Erde rund ist. Wieder andere wollten fliegen und das taten sie dann auch.

Es gab auch schon immer Pioniere, die nicht nur im Äußeren entdeckten, sondern sich auch auf eine Entdeckungsreise nach innen begaben, um die Grenzen zu durchbrechen, von denen uns gesagt wurde, daß wir sie als Mensch nicht überschreiten könnten. Menschen die mit Ihrer Geisteskraft Dinge bewegen, andere, die ihre Körpervorgänge beherrschen, Leute, die über glühende Kohlen gehen, wieder andere, die sich telepathisch miteinander verständigen oder Gedanken lesen, Menschen, die unsere Aura und alle Körpersysteme sehen können oder wieder andere, die mit ihrem Geist fremde Länder oder Dimensionen besuchen und dann davon eindrucksvoll berichten.

Sogar die Geheimdienste aus vielen Ländern der Erde, bedienen sich solcher Methoden mit großem Erfolg, obgleich dies ein sehr fragwürdiges Einsatzgebiet ist, da man seine Fähigkeiten auch weitaus sinnvoller und lichtvoller einsetzen könnte. Wie dem auch sei, die Entdeckungsreise schreitet auch auf innerem Gebiet weiter.

Es gibt Leute die sich von reiner Energie ernähren, Menschen die ihren Körper in jugendlichem Aussehen schon über mehrere Jahrhunderte erhalten und leben. Auch sogenannte Aufgestiegene, die viele Leben gelebt haben und uns oft als Religionsvertreter in verschiedenen Kulturen und Zeiten lehren wollten, daß wir so viel mehr Fähigkeiten in uns tragen, als uns bewußt ist.

Jeder einzelne, auch Sie selbst tragen die Möglichkeiten und Fähigkeiten in sich tragen, die Grenzen dessen, was andere für Realität oder möglich halten zu überschreiten. Somit ist es Ihnen möglich, einen Teil mehr Ihres wahren Wesens, nämlich das eines Unbegrenzten, kennenzulernen.

Lassen Sie die menschliche Geschichte noch einmal an sich vorbeiziehen, mit all ihren äußeren und inneren Entdeckungen, die eigentlich nie etwas wirklich Neues hervorgebracht haben, sondern nur das, was schon immer da war, wir uns dessen nur noch nicht bewußt waren.

Seien Sie sich dem bewußt und vertrauen Sie einfach Ihrem Gefühl, welches Ihnen sagt wenn etwas wahr ist.

Sie sind ein unbegrenztes, lichtstrahlendes Wesen.

Kapitel 8
10 Tugenden für Ihren Weg

Da es immer hilfreich ist sich einige helfende Begleiter auf dem Weg mit zunehmen, möchte ich Ihnen einige von diesen nochmals ins Gedächtnis rufen, damit Sie gegen alle Eventualitäten gewappnet sind.

Ich stelle Ihnen nun die einzelnen Helfer nacheinander vor, damit Sie diese auch bestmöglich nützen können. Zuerst alle 10 im Überblick:

Vertrauen

Geduld

Freude

Licht & Liebe

Enthusiasmus

Wissen

Übung

Ausdauer

Flexibilität

Reinheit

Dies sind nun Ihre 10 Begleiter auf ihrem Weg, die Sie sicher immer wieder gut gebrauchen können, um mit den verschiedensten Situationen fertig zu werden und somit ein Stück auf Ihrem Weg weiterkommen.

Vertrauen

Vertrauen Sie auf die Kraft, die hinter allen Dingen steckt, auch wenn Sie schon schwere Zeiten erlebt haben. Alles hat seinen Sinn und nun können Sie auch noch selbst bewußt Ihr Leben zu bestimmen beginnen. Übergeben Sie Ihre Sorgen einfach dem Licht und bitten um Hilfe. Lassen Sie sich auf das Leben neu ein, ohne Vorurteile oder Ängste, lassen Sie Ihr neues Vertrauen einfach fließen und Sie werden nicht enttäuscht werden. Vertrauen Sie auf Ihren Schutzengel und andere Helfer wie Lichtwesen oder Ihre Mitmenschen und senden viele wundervolle und lichtstrahlende Wünsche und Gedanken aus, die sich in irgendeiner Form früher oder später mit Sicherheit erfüllen werden, wenn sie zum Wohle aller Beteiligten beitragen. Hören Sie auf, zu zweifeln und leben Ihr Leben nach seinen Regeln. Werfen Sie alte Sperren, die Sie nicht vertrauen ließen, über Bord und beginnen Sie sich die Schwingung und Gesetze aufzubauen, nach denen Sie leben wollen. Leben Sie das Leben so vertrauensvoll und selbstverständlich, wie Sie es beim Atmen tun, denn so wie Luft einfach da ist, sind auch Ihre Helfer ständig an Ihrer Seite und warten nur, daß Sie sich aufmachen, das Leben mit Freude und Licht zu genießen.

Geduld

So wie Sie jetzt wahrscheinlich schon darauf gewartet haben, was da wohl stehen mag und warum ich hier nicht weitergeschrieben habe, geht es Ihnen oft im Leben. Unsere Gedanken und Vorstellungen eilen uns schon voraus, wobei wir ganz darauf vergessen, daß es so etwas wie Vergangenheit oder Zukunft gar nicht wirklich gibt. Es spielt sich alles im Jetzt, in dem momentanen Augenblick ab, in den Sie sich nur hineinlassen müssen. Wenn Sie etwas nicht mehr erwarten können und sich dadurch mit Ihren Gedanken schon in die Zukunft begeben, passiert es höchstens, daß Sie unruhig werden und Ihnen die Zeit schier endlos zu vergehen scheint.

Nützen Sie die Gunst des Augenblickes und machen Sie etwas, was Sie jetzt gerade tun können. Programmieren Sie sich, reinigen Sie Ihr Körpersystem, stellen Sie sich Ihre gewünschten Dinge vor, als ob diese bereits eingetroffen wären, oder atmen Sie ruhig und bewußt, das bringt Sie sicher wieder in den Augenblick zurück.

Oft passieren die ungeduldigst erwarteten Wünsche erst sehr spät, weil Sie vielleicht etwas daraus lernen sollten, oder weil Ihnen sonst in irgend einer Form Schaden zugefügt würde. Stellen Sie das Universum nicht in Frage, es gibt so viele Gründe, die unsere Vorstellungskraft bei weitem übersteigen würden also versuchen Sie es erst gar nicht. Vertrauen Sie auf das unumstößliche Gesetz, daß alles, was Sie ausgesandt haben, auch wieder zu Ihnen zurückkommt und das schließt natürlich auch Ihre Wünsche und Dinge ein, auf die Sie Ihre Energie ausrichten.

Freude

Egal in welcher Situation Sie sich befinden, wenn Sie es mit Freude und einem Lächeln machen, dann wird es sich um ein Vielfaches leichter anfühlen. Natürlich ist uns nicht immer zum Lachen zumute und dennoch können Sie mit einer inneren Gelassenheit und „Sonnenstrahl- Einstellung" die schwersten Dinge einfach mit mehr Zuversicht bewältigen. Vergessen Sie nicht auch einmal über Ihre Sturheit oder über Ihre Fehler zu lachen und geben Sie diesen kleinen oder großen Problemen nicht die Möglichkeit, Sie unter deren Gewicht zu erdrücken. Je weniger Wichtigkeit und Ernsthaftigkeit Sie Ihren Problemen beimessen oder erlauben, daß sie Ihre Stimmung verschlechtern, desto weniger werden sie Ihnen etwas anhaben können. Selbst wenn Ihr Haus abbrennt, das Ihr ein und alles war, wird sich die Situation nicht ändern, wenn Sie toben , schreien, andere beschuldigen oder ähnliches. Es ist nun einmal so und wenn Sie darüber tief in Ihrem Herzen lachen können, dann verliert die Situation an ihrer Tragik und Sie können sich schon ein neues, noch schöneres Heim vorstellen.

Wenn Sie in einer ähnlichen Situation das Bedürfnis haben zu toben, dann tun Sie das einfach. Es hat keinen Sinn seine Gefühle zwanghaft zu unterdrücken. Versuchen Sie sich danach aber wieder zu sammeln, um der Situation nicht zu erlauben Sie zu erdrücken. Oft spielen viele Faktoren zusammen und wahrscheinlich war es auch gut so wie es gekommen ist, denn niemand wurde verletzt und vielleicht stellt sich im Nachhinein heraus, daß das Haus auf einem ehemaligen Giftstoff Lagerplatz errichtet wurde, was Ihrer Gesundheit auf lange Zeit gesehen geschadet hätte, oder ähnliche Gründe.

Abgesehen davon ist das Leben ein großartiges Spiel und wir alle wissen, daß man in einem Spiel viel mehr Spaß hat, wenn man es nicht all zu ernst nimmt kurz vor dem Ziel herausgeworfen zu werden, sondern einfach öfters mal lacht. Freuen Sie sich an den kleinen wundervollen Dingen des Lebens, wie einer Blume oder einem kleinen Tier, es gibt so vieles über das man sich freuen und lachen kann, wenn Sie bereit sind mit einer staunenden und fröhlichen Stimmung das Leben zu erfahren.

Licht & Liebe

Überall wo Liebe ist, da ist auch Licht. So wie die Aura zweier Liebenden, die alles andere mit ihrem Licht überstrahlt, leuchtet, so findet man auch überall wo Licht ist, Liebe. Auch das warme Licht der Sonne oder einer Kerzenflamme, spendet dem Betrachter Wärme und Freude. Liebe ist die stärkste Kraft des Universums und sie ist auch eine der wenigen Konstanten, da sie immer war, ist und sein wird. Alles im Universum, sogar das Universum selbst, besteht aus reiner Liebe, die Grundschwingung von allem was existiert. Manchmal wenden wir uns von der Liebe ab und versuchen die verschiedensten Erscheinungsformen, die nicht immer nur schönes hervorbringen. Dennoch spüren wir immer, daß sie uns, wie eine Motte das

Licht, magisch anzieht und wir immer mehr in ihre Richtung gehen wollen. Immer wenn wir uns für den liebevollen und lichterstrahlten Weg entscheiden, dann lachen unsere Engel und alle Helfer, die uns zur Seite stehen. Sie feiern sozusagen eine Party, weil wir uns dazu entschlossen haben ein Stück mehr zu dem zu werden, was wir eigentlich sind.

Wenn Sie jemandem Liebe schenken, auch sich selbst, dann ist das ein wundervolles Gefühl, von dem niemand behaupten kann, daß er dies nicht fühlt. Oft lassen wir Liebe nicht zu, da wir Angst davor haben, bei einer so großen Öffnung unseres Herzen, verletzt zu werden und doch ist es der Weg von dem wir spüren, daß er der Richtige ist. Lassen Sie die Liebe und das Licht einfach in Ihr Leben ein und vergessen Sie nicht sich selbst zu lieben und ehrlich zu Ihnen selbst zu sein. Nur so können Sie Liebe in ihrer ureigensten Form erleben und auch an andere weitergeben.

Enthusiasmus

Dieses Wort kommt aus der griechischen Sprache und bedeutet so viel wie:

" In Gott zu sein"

Diesen Zustand erleben wir immer dann, wenn wir unserer Bestimmung, der Liebe und dem Licht folgen. Es ist ein Zustand, den jeder von uns schon einmal erlebt hat. Man fühlt sich glücklich, inspiriert, strahlend vor Freude und ein großes inneres Lachen macht sich in unserer ganzen Aura breit. Es ist der Zustand, den Kinder besonders oft erleben. Wir haben schon oft verlernt, wie es ist, pure Freude und Begeisterung zuzulassen, unsere Lebensenergie einfach fließen zu lassen. Es ist der Zustand in dem die Freude aus einem herausprudelt, indem die Augen leuchten und wo es sonst in diesem Augenblick nichts anderes zu geben scheint. Als ob die Zeit, wie wir sie kennen, stehen geblieben wäre.

Immer wenn wir diesen Zustand spüren, können Sie sich 100% sicher sein, daß Sie auf dem richtigen Weg sind. Wenn Ihnen etwas überhaupt keine Freude bereitet, sie müde und schlapp macht und Sie sicherlich nicht darüber lachen können, dann hören Sie auf, Ihre Energie damit zu vergeuden und machen, was Ihnen wirklich Spaß macht. Wenn Sie zum Beispiel einen Job haben, in dem Sie nie enthusiastisch sein können, dann machen Sie sich auf und suchen sich etwas Neues. Bitten Sie Ihre Lichtwesen darum, programmieren Sie sich, tun Sie alles, was in Ihrer Macht steht und Sie werden sicher das finden, was Sie suchen.

Auch wenn es sich riskant anhört, weil Sie das Geld ja brauchen, folgen Sie dem Ruf Ihres Herzens, denn im Vergleich, was Sie dadurch gewinnen, ist das bißchen Geld, welches Ihnen für einige Zeit nicht zu Verfügung steht, nicht einmal der Rede wert. Enthusiasmus ist ein Wegweiser, der Ihnen sagt, ob Sie sich auf dem richtigen Weg befinden und der so wichtig ist, um Ihr Leben lebenswert zu machen, indem Sie das Leben in sich spüren.

Wissen & Weisheit

In unserer heutigen Zeit gibt es sehr viel Information, die man sich zu nutzen machen kann. Dennoch bleibt von diesem Schwall an Information nur sehr wenig Nützliches bestehen, da es kein Wissen ist. Wissen ist meist sehr alt und spiegelt die Gesetze des Lebens oder Ableitungen davon in sich. Wissen ist von Bestand und wird sich immer wieder in allen Zeiten zeigen. Die aber wirklich lichtvolle Form des Wissens ist die Weisheit. Wissen kann man sich aneignen, indem man zuhört, zusieht, lauscht und liest. Dieses Wissen ist eine gute Voraussetzung, die aber erst Ihre vollkommene Form findet, wenn sich dieses Wissen in Weisheit verwandelt und dies geschieht dann, wenn dieses angeeignete Wissen auch gelebt wird.

Erst wenn das angeeignete Wissen im Leben auch angewandt wird und man daraus dieses Wissen zum Leben erweckt, kann es wirklich seine volle Kraft in und aus Ihnen entfalten.

So ist dieses Buch eine Mischung aus etwas Information und viel Wissen, daß aber erst zur Weisheit werden kann, wenn Sie es aktiv in Ihrem Leben anwenden und es durch sich selbst zum Ausdruck bringen. Sie haben hier die Möglichkeit sich viel Wissen anzueignen, es in sich zu bearbeiten und zu speichern und es dann durch Sie und in Ihnen zur Weisheit werden zu lassen. Dies ist für mein Verständnis eine große Ehre, eine so lichtvolle Schwingungsqualität durch sich ausdrücken zu dürfen.

Übung

"Ohne Übung ist noch kein Meister vom Himmel gefallen"

Ganz so stimmt diese Aussage zwar nicht, da es schon immer Leute gegeben hat, die einfach Dinge konnten und niemand wußte woher. Dabei aber anzunehmen, diese Person hätte sich diese Fähigkeiten nicht schon irgendwann einmal erworben, wäre eher naiv.

Wenn wir uns nun Wissen angeeignet haben, dann ist es wichtig, dieses auch zu üben. Denn nur so können wir das volle Potential kennenlernen und auch nützen. Übung kann viel Spaß machen, wenn man sich bewußt macht, daß es einem dadurch möglich ist immer besser zu werden und die zu übende Sache bei jedem Mal ein Stück mehr zu seiner eigenen Schwingung macht. Freuen Sie sich auch daran, einfach zu üben ohne Hintergedanke oder Zieldenken, denn meist ist der Weg schon das eigentliche Ziel und man könnte viel verpassen, wenn man den Augenblick nicht auskostet. Üben Sie so oft Sie möchten und es Ihnen Spaß macht. Werfen Sie nicht gleich die Flinte ins Korn, wenn es einmal anspruchsvoller wird, denn es gibt einen großen Unterschied zwischen Aufgeben, weil es schwierig ist und allgemein keinen Spaß macht, oder aufzugeben, weil man zu faul ist, eben gerade nicht mag, obwohl man genau spürt, wie viel Spaß die Sache eigentlich bringt. Halten Sie sich als Grundregel vor Augen, lieber weniger einplanen und das dafür regelmäßig machen. Bei zu viel am Anfang können Sie leicht entmutigt werden und den Spaß verlieren, deshalb schauen Sie darauf, daß es Ihnen auch Spaß macht und Sie sich beim Üben wohl fühlen.

Ausdauer

Ausdauer und Übung gehen meist Hand in Hand, deshalb gelten im Prinzip die gleichen Richtlinien der Übung für die der Ausdauer. Weiters ergibt sich die Ausdauer auch meist daraus, wie viel Spaß Ihnen eine Sache macht. Wenn Sie diese ausführen, wobei wir wiederum beim Thema des Enthusiasmus wären. Wenn Sie sich einmal für eine Sache entschlossen haben, dann ist es meist empfehlenswert, daß Sie sich eine gewisse Zeitspanne vornehmen, um zu erproben, wie es Ihnen dabei ergeht. Manchmal passiert es, daß wir uns von einer Sache abwenden, weil uns die anfangs eher mühsame Annäherung an das Thema zu beschwerlich wird und wir versuchen, einen einfacheren Weg zu gehen.

So haben meine Finger am Anfang oft leicht geschmerzt, als ich begann Gitarre zu spielen und dennoch beseelte mich das Spielen so sehr, daß ich niemals daran gedacht hätte damit aufzuhören. Wenn wir eine Sache wirklich möchten, dann sind wir auch enthusiastisch dabei und nehmen die eine oder andere Hürde, die es dabei zu überwinden gilt mit mehr Freude als Zähneknirschen. Deshalb halten Sie sich einfach ran und bleiben Sie bei den Dingen , die Sie inspirieren und Freude bereiten.

Flexibilität

Bleiben Sie körperlich, als auch geistig flexibel, denn dann gerät Ihre Energie nie ins Stocken und fließt ohne Probleme einfach in einer anderen Bahn weiter.

Zum Beispiel unsere bestehenden Religionssysteme und Kirchen. Es gibt so viele verschiedene Anschauungen und Auseinandersetzungen und dennoch sprechen sie alle von dem Gleichen. Es gibt nun einmal unbegrenzt viele Möglichkeiten um an ein Thema heranzugehen und es auszudrücken.

Dabei können beide Ansichten scheinbar widersprüchlich sein und dennoch sind sie beide auf ihre Art richtig. Diese Art zu denken ist vielen noch fremd, denn entweder es ist etwas richtig, oder es ist eben falsch. Doch so einfach ist es nun einmal nicht. Wenn wir eine Neun auf den Boden zeichnen und wir stellen eine Person an das eine Ende und die zweite Person an das andere Ende, so wird der eine mit 100% Recht sagen, daß das eine 9 ist und der andere mit dem selben Recht, daß es eine 6 ist und beide haben recht. Wir denken sehr eindimensional, aber es gibt nun einmal mehrere Dimensionen, die unterschiedliche Gesetze haben und die man von ganz verschiedenen Blickpunkten beschreiben kann. Dennoch hat jeder, auch wenn er es ganz anders beschreibt, auch recht.

Es gibt viele unterschiedliche Beschreibungen von dem Chakrensystem. Diese sind von unterschiedlichen Personen, aus unterschiedlichen Kulturen, mit einer anderen Lebensgeschichte und anderen Fähigkeiten, welche die Chakren auch von unterschiedlichen Blickpunkten und unterschiedlichen

Ebenen als auch Dimensionen betrachten. Gerade deshalb gibt es nun auch einmal unterschiedliche Systembeschreibungen. Aber wie der Name eben schon sagt, sind dies nur Versuche um ein System zu beschreiben, das im Grunde genommen sowieso nur aus einem besteht, nämlich aus Schwingung, die reine Liebe ist. Dadurch wird jede Beschreibung und Realität sowieso schon relativiert.

Aus diesem Grund sind eben alle Systeme, welcher Art auch immer richtig, wenn sie nicht gegen die Universellen Schwingungsgesetze verstoßen.

Deshalb versuchen Sie ein Thema von vielen verschiedenen Perspektiven zu betrachten und scheuen Sie sich vor allem nicht davor eine feste Überzeugung, die Sie schon lange haben, durch eine Neue zu ersetzen oder zu erweitern. Denn das erhält Ihre Lebensenergie ständig im Fluß, eben so wie es sein sollte.

Reinheit

Dies ist vielleicht eines der wichtigsten Themen, da Sie bei allem was Sie tun mit reinem Herzen handeln sollten. Diese Formulierung mag vielleicht etwas kirchlich überholt klingen, aber es heißt nichts anderes, als daß Sie im Sinne der Spielregeln des Lebens handeln sollen, um Ihr eigenes, als auch das Leben Ihrer Mitmenschen, so schön und ausgefüllt wie möglich gestalten zu können.
Sie haben Ihren freien Willen und entscheiden selbst, was Ihnen oder anderen widerfährt, was Sie aussenden und was dementsprechend wieder zu Ihnen zurückkehrt. Je reiner und fließender Sie Ihre Körper, ihre Gedanken, Ihre Emotionen und Ihre ausgesandten Schwingungen halten, desto lichtvoller und schöner wird sich Ihnen das Leben, mit allem was dazu gehört, preisgeben.

Treffen Sie nur Entscheidungen und Handlungen,
die Sie zu diesem Zeitpunkt nach bestem Wissen und Gewissen
und vor allem nach den Gesetzen des Lichts,
zu 100% vertreten können.

Wenn Sie diese empfohlenen Worte und vor allem deren Inhalt leben, dann werden Sie mit Sicherheit den sprichwörtlichen Himmel auf Erden erleben, da Ihr Leben von wundervollen Erfahrungen geprägt sein wird.

Letztlich ist es eine Entscheidung die Sie selbst treffen müssen und niemand außer Ihnen entscheidet darüber, wie Sie Ihr Leben erleben und gestalten möchten. Es geht immer nur um Reinheit, Licht & Liebe, Weisheit, Gerechtigkeit, Vertrauen und wie sehr Sie sich Ihrer wahren Natur bewußt sind und daraus Ihr Selbstbild erschaffen.

In diesem Sinne viel Licht & Liebe auf Ihrem Weg, auf daß Sie Liebe mit Ihrem ganzen Wesen ausstrahlen mögen.

Uraltes Symbol für ewiges Leben und die Strukturen unseres Universums. Man findet es immer wieder in Tempeln, Pyramiden und anderen heiligen Stätten.

Kapitel 9

Globale Vorschau & Zeiterscheinungen

Wir leben in einer besonderen Zeit, da sich in den nächsten 30 Jahren mehr tun wird, als das bis zum jetzigen Zeitpunkt, in Millionen von Jahren, der Fall war. Dies ist kein Grund um Panik zu machen oder um Angst vor irgendwelchen prophezeiten Weltuntergängen zu haben. Sondern es ist ein weiterer Ausdruck dafür, daß die Zeit reif ist, sich einiger Dinge bewußt zu werden und auch bewußter mit den Energien umzugehen. Es ist an der Zeit, vieles, was wir in Vergessenheit geraten ließen, uns wieder aufs Neue bewußt zu machen und mehr Licht & Liebe zum Ausdruck zu bringen.

In ihrem Buch "Lichtnahrung" (Koha Verlag) schreibt die Autorin Jasmuheen, deren Bücher ich übrigens sehr empfehlen kann: " Es heißt, ein Ausatmen und ein Einatmen Gottes dauert 4 Milliarden 320 Millionen Jahre. Und wir haben noch 1,2 Milliarden Jahre vor uns, bis das Einatmen abgeschlossen ist und dieser Zyklus von neuem beginnt.
Es handelt sich hierbei um ein interessantes Konzept, das unter anderem durch die Theosophen intensiv erforscht wurde. Die genaue Mitte zwischen dem Einatmen und dem Ausatmen wird mit dem Jahr 2012 angegeben. Das ist das letzte Datum im Kalender der Mayas. Es wird von den Hopi Indianern und vielen anderen Kulturen vorhergesagt. Dieses Jahr wird als eine Zeit der wundersamen Veränderungen mit vielfältigem Erwachen zur wahren Göttlichkeit gesehen. Man muß berücksichtigen, daß das Einatmen schneller geschieht, als das Ausatmen. Ein Gummiband dehnt sich langsam, bis zur seiner maximalen Ausdehnung und kehrt, sobald es losgelassen wird, unglaublich schnell in seinen ursprünglichen Zustand zurück.

Bei diesem Zurückziehen, verändert sich durch die Schwingungsfrequenz auch unser Zeitkonzept. Folglich, auch wenn wir den halben Weg in linearer Zeit (1,2 ist nicht die Hälfte von 4,3) durchschritten haben, beschleunigt sich der Verlauf der Zeit mit Erhöhung der Schwingungsrate.

So wie die Zeit zu verfliegen scheint, wenn wir älter werden, da wir dann nicht mehr so viel Zeit haben. Wenn wir achtzig Jahre alt werden, haben wir im Alter von acht noch neun Zehntel (90 Prozent) unserer Zeit übrig. Mit vierzig haben wir nur noch 50 Prozent. In den gechannelten Informationen heißt es , daß aufgrund der Veränderung der Frequenz und der schnelleren Vibrationsrate unsere 24-Stunden-Tage vergleichsweise nur noch 16-Stunden-Tage sind."

Und wirklich erschien mir in meiner Schulzeit ein Tag oder ein Monat sehr lange. Die Zeit läuft seit einigen Jahren immer schneller und was damals ein Jahr war, erscheint mir heute wie in einem Monat zu verfliegen, dabei bin ich noch weit in der ersten Hälfte meines Lebens!

Die Veränderungen zeichnen sich schon heute deutlich ab. Viele Menschen entdecken ihre Fähigkeiten wieder. Dazu gehören Telepathie, wenn Sie hundertprozentig wissen wer gerade anruft (Ohne ISDN versteht sich!) Leute beginnen die Aura zu spüren, sehen sie oder hören Stimmen von Lichtwesen wie Engeln oder ähnlichem. Oft wissen diese Leute gar nicht, was mit ihnen geschieht und glauben sie werden verrückt. Dabei verändert sich nur die Art wie gut sie Schwingungen wahrnehmen können.

Wenn Sie zu diesen Leuten gehören, oder solch eine Person kennen, dann erzählen Sie Ihnen davon und schicken sie zu gut ausgebildeten Lichtarbeitern oder anderen Leuten, die sich mit Energiearbeit auskennen.

Auch die vielen Katastrophen und Naturerscheinungen, sind ein Zeichen, daß sich die Welt in ihrer Frequenz verändert, wir aber sicherlich nicht vor einem Weltuntergang stehen, um das nochmals zu betonen.

Um 2012 herum wird es sicherlich sehr spannend werden, wie sie vorhin schon gehört haben, da sich die Welt, so wie wir sie kennen, verändern wird. Unser Weltbild wird sicherlich erschüttert werden, aber das muß keineswegs etwas negatives sein! Manche gechannelte Literatur erzählt von Lichtwesen, die uns besuchen werden, oder Außerirdischen, welche uns begegnen werden.
Wieder andere berichten davon, daß unser Planet mit all seinen Menschen, in die nächste feinstofflichere Dimension aufsteigen wird, so als ob wir alles,

das wir kennen, oktavieren würden. Letztendlich weiß keiner, wie es genau sein wird. Fest steht, daß sich etwas Außergewöhnliches ereignen wird, worauf sich die Menschen langsam vorbereiten sollten. Sie sollten sich mit Schwingungsgesetzen und den Erscheinungen, die sich daraus ergeben, vertraut machen, damit dann der "Veränderungschock" nicht zu groß wird.

Seien Sie einfach zuversichtlich und vergessen Sie nicht, daß trotz dieser großen globalen Veränderungen es noch immer Sie selbst sind, die mit Ihren Schwingungen den Verlauf der Geschichte mitbestimmen und somit auch wohin sich alles wenden wird. Sie erschaffen durch die Gedanken und Emotionen, welche Sie aussenden, die kommende Realität mit. Ob sich die Veränderung nun leicht und schön, oder eher kompliziert ereignen wird.

Noch eine kleine Anmerkung zu unserem Körpersystem. Ich habe schon bei den Chakren erwähnt, daß zu den sieben Hauptchakren noch fünf weitere dazukommen, 8-12, die wiederum neue Bereiche unseres Gehirns aktivieren werden und somit die oben schon erwähnten Fähigkeiten fördern.

Alle diese Chakren liegen im Kopfbereich, grob gesagt vom Nacken bis zur Schädeldecke und das 12. darüber. Häufige Kopfschmerzen, können aus der Öffnung und Aktivierung dieser 5 neuen Chakren resultieren.

Helfen kann dabei, wenn Sie die Hände auf ihren Kopf legen, und darum bitten, daß sich die Chakren wieder beruhigen. Sie können auch Wasser von der Schädeldecke bis zum Nacken rinnen lassen. Außerdem gibt es von den Rostock Essenzen die fünf neuen Chakrenessenzen 8-12, die bei der Entwicklung helfen, als auch die Atlantis Essenz, die diese schnellen Veränderungen und die Entwicklung neuer Fähigkeiten unterstützt.

Außerdem werden Wissenschaftler mit Erstaunen feststellen, daß die kommende Kindergeneration und auch schon einige Kinder dieser Generation, eine bereits erweiterte DNS Struktur haben, nämlich statt den bisherigen sechs Strängen, werden sie bereits eine zwölfsträngige DNS haben. Diese neue, erweiterte DNS, birgt wieder neue Fähigkeiten und Möglichkeiten in sich, von denen wir uns jetzt nur wage Vorstellungen machen können.

Schlußwort

An dem die Reise für Sie erst beginnt

Mit der Hoffnung, daß Sie dieses Wissen nach bestem Wissen und Gewissen im Leben anwenden werden, verabschiede ich mich hiermit von Ihnen und entlasse Sie in die Obhut Ihres Schutzengels.

In diesem Buch steckt die Möglichkeit für Sie verborgen, das Wissen in Ihre Weisheit zu verwandeln, denn erst wenn Sie es leben, kann es Ihr Leben um ein Vielfaches schöner und bewußter werden lassen. Sie alleine entscheiden, welches Thema für Sie richtig ist oder nicht. Nehmen Sie sich einfach das mit, was Sie aus diesem Buch für richtig und wertvoll halten und erwecken es zum Leben, indem Sie es zu einem Teil Ihrer Schwingung und somit zu einem Teil des Lebens machen.

Sie haben nun sicherlich genügend Wissen um aktiv Ihr Leben zu bestimmen und um abzuwägen was passiert, wenn Sie nicht aktiv mit Ihrer Schwingung arbeiten, sondern diese, so wie bis jetzt, eher eigenständig und unkontrolliert walten lassen. Sie wissen nun wie einige Spielregeln und Gesetze des Lebens ablaufen und funktionieren und haben nun auch keine Veranlassung mehr, sich als Opfer des Leben zu betrachten, wobei Sie natürlich auch in dieser Entscheidung Ihren freien Willen haben.
Versuchen Sie das Leben etwas lichtvoller und liebevoller zu leben, als Sie das ohnehin schon gemacht haben, für sich selbst und für Ihre Mitmenschen, als auch alle andere Lebewesen des Universums.

Viel Spaß beim Üben, lachen und freuen Sie sich mal wieder über eine Kleinigkeit!

Viel Licht und Liebe auf Ihrem Weg

Dieter Czerny

Kleine Helfer für Ihr Wohlbefinden

Diese kurzen Produkt Beschreibungen, sollen Ihnen die Auswahl der Hilfsmittel, welche Sie für Ihre Reinigung und Gesundheit verwenden können, erleichtern. Ich arbeite selbst mit diesen und anderen Produkten und kann Ihnen diese daher, aus eigener Erfahrung empfehlen. Ich habe diese nicht ausgewählt weil ich Geld für die Produktanpreisung erhalte (übrigens gar keine schlechte Idee!), nein, sondern weil mich die Wirkung und Qualität dieser Produkte einfach überzeugt hat und ich sie Ihnen mit gutem Gewissen weiter empfehlen kann.

Rostock Essenzen

Ich arbeite schon seit 2 Jahren mit den Rostock Essenzen und die Wirkung ist wirklich hervorragend. Mit keinem anderen Produkt, habe ich so viele Erfolge gehabt wie mit diesen Essenzen. Es handelt sich dabei um Edelstein Essenzen, aus Österreich, die jetzt schon – nach sehr kurzem Bestehen – bemerkenswerte Gutachten vorzuweisen haben.

Diese Gutachten wurden von einer unabhängigen Forschungsstelle für Biosensorik in Österreich, unter der Leitung der bekannten Wissenschaftlerin Frau Dipl. Ing. Dr. Noemi Kempe erstellt. Diese Forschungsstelle ist ein Partnerinstitut der bekannten Ludwig Boltzmann Gesellschaft. Immer wieder sind Therapeuten, die mit den Essenzen arbeiten, verblüfft über die schnelle und hervorragende Wirkung.

Es gibt Mischungen, die bei einem bestimmten Thema - wie zum Beispiel Migräne, Grippe, Notfall, Ruhe und Friede, Lernen, Frauenmischung, Selbstwert und viele andere, eingesetzt werden, als auch Einzelstein Essenzen, die alle Heilwirkungen des Steines in sich tragen. Weiters gibt es ein Chakren Set für die bekannten sieben Hauptchakren – aber erstmalig auch für die neuen Chakren 8 – 12, die alle am Kopf liegen und im Wassermannzeitalter eine sehr wichtige Rolle spielen.

Wenn Sie sich und Ihrer Familie schon bei kleinen Unausgewogenheiten helfen wollen, dann kann ich Ihnen diese Essenzen – z.B: die Hausapotheke der Rostock Essenzen - nur wärmstens empfehlen.Außerdem sollten diese Essenzen bei keinem Energiearbeiter, Homöopathen, oder alternativ arbeitenden „Mediziner" in der Praxis fehlen (großer Satz: mit 5 Mischungen und 45 Einzelsteinessenzen), da sie wirklich enorm viel bewirken können und davon abgesehen als einzige Essenzen weißmagisch versiegelt sind, was die Qualität 100% aufrecht erhält und einen Einfluß von Fremdschwingungen unmöglich macht.

Seit Sommer 2000, gibt es auch Lichtmeister Essenzen, die besonders hochfrequent und vielfältig in ihrem Einsatzbereich sind.

Es sei noch besonders hervorzuheben, daß es auch alle Rostock – Essenzen in Phiolen gibt, was bei der Arbeit mit einem Bioresonanz Gerät unerläßlich ist. Zur Zeit gibt es 107 Einzelstein – Essenzen, mit denen hauptsächlich Ärzte und Therapeuten arbeiten. Für den Einzelnen, der sich auch selber helfen möchte stehen nun 50 fertige Mischungen zur Verfügung. Aus einigen dieser Mischungen wurden z. B. die Hausapotheke und die Reiseapotheke zusammengestellt. Für die speziellere Arbeit stehen die 12 Chakrenessenzen und die 28 Lichtmeister – Essenzen bereit. Gerade die Lichtmeister – Essenzen sind mit ihrer sehr großen Schwingungsbreite und Frequenzvielfältigkeit, teilweise noch nicht voll erforscht.

Die Herstellerin dieser außergewöhnlichen Essenzen, Frau Wohlgemuth Nicola, hat auch ein Ausbildungszentrum für die Ausübung des Berufes eines „Lichtarbeiters" gegründet (Adresse siehe unten). Sie legt großen Wert auf ein fundiertes Wissen aus allen Gebieten wie: Quantenphysik, Medizin, Biochemie – um die Wertigkeit der Energiearbeit aus dem Mystischen, typisch Esoterischen herauszuholen und in das Gebiet des Erklärbaren zu bringen. Sie arbeitet seit 1993 in ihrer eigenen Praxis. Mit ihrer Arbeit als Autorin und in ihrem Verlag werden ihr Wissen und ihre Erfahrungen auch der Öffentlichkeit zugänglich gemacht.

Wenn Sie Interesse für die Rostock – Essenzen haben, wenden Sie sich bitte an:

Rostock Essenzen Wohlgemuth Nicola
Schillingsdorferstr.25 8010 Graz Österreich
e-mail: rostock-essenzen@netway.at
www.rostock-essenzen.com

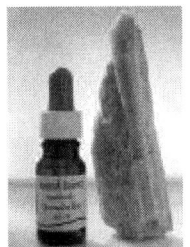

Aromaöle

Es gibt viele gute Aromaöl Marken, finden Sie selbst heraus, welche Ihnen am besten zusagt. Wichtig ist nur, daß die Öle aus 100% reinem ätherischen Öl bestehen, und aus natürlichem Anbau stammen. Nur diese Öle steigern Ihr Wohlbefinden so wie sie es sollten. Duftöle können Sie zur Inhalation, zur Einnahme, oder zum Beispiel in Ihrer Duftlampe verwenden. Es gibt viele Einsatzgebiete. Besonders empfehlenswert ist ein heißes Fußbad mit etwas Milch, Honig und den Aromaölen, die Ihnen gerde zusagen!

Naturkostläden oder Apotheken

Heilkräuter

können vielfältig eingesetzt werden. In Tees, zur Inhalation, Umschläge oder in Cremen.Es gibt viele gute Bücher zu diesem Thema (siehe auch Buchempfehlung). Sie sollten einen Heiltee nicht über zu lange Zeit zu sich nehmen und vor allem nur dann , wenn Sie die bestimmten unterstützenden Eigenschaften des Tees auch benötigen. Achten Sie darauf, daß Sie den Tee nicht in einem metall Netz oder Gefäß ziehen lassen, da das Metall mit den Kräutern reagiert.

Apotheken oder Heilkräuterläden

Literaturhinweise

Hier einige Bücher, die Ihnen weitere Fragen beantworten können und die sicherlich eine hochfrequente Schwingung in sich tragen!

Titel   / Autor   / Verlag   / ISBN Nummer

- In Resonanz / Jasmuheen / Koha / 3-929512-28-9

- Lichtnahrung / Jasmuheen / Koha / 3-929512-26-2

- Schlüssel zum Inneren Heiler / Silva/ Heyne / 3-453-15573-4
  (auch seine anderen Bücher)

- Handbuch für den Aufstieg / Stubbs / Hans Nietsch / 3-929475-42-1

- Reflexionen / Courtenay / Hans Nietsch / 3-929475-71-5

- Der Lichtkörperprozess / Tachi-ren / Hans Nietsch / 3-929475-66-9

- Rituale und Gebete / Courtney / Hans Nietsch / 3-929475-41-3

- Licht-Arbeit / Brennan / Goldmann / 3-442-14151-6

- Heilende Klänge / Goldman / Knaur / 3-426-76060-6

- Schutz Engel / Georgian / Heyne / 3-453-15004-X

- Babaji / Halbig, Schnellbach / Koha / 3-92512-11-4

- Ich höre, also bin ich / Berendt / Goldmann / 4-442-12149-3
  (auch alle anderen Bücher von Berendt sind zu empfehlen)

- Erkenntnisse aus Atlantis / Dr. Frank Alper / G.Reichel / 3-926388-19-6

- Warum Engel fliegen können / Terry Taylor / Goldmann / 3-442-12117-5

- Erziehung zum Sein / Rebeca Wild / Arbor / 3-924195-22-6

- Die Botschaft der Aufgestiegenen Meister / Jasmuheen / Koha / 3-929512-52-1

- Tao Yoga der Liebe / Mantak Chia / Ansata / 3-502-20070-3
- Tao Yoga der heilenden Liebe / Mantak & Maneewan Chia / Ansata / 3-502-20100-5

- Die Kabbala / Heinrich Elijah Benedikt / Bauer / 3-7626-0756-7

Arbeitsbücher zu Produkten & Hilfsmitteln, als auch verschiedener Energiearbeitstechniken und Hintergrundwissen

- Das Gesetz der fünf Elemente / Connelly / Bruno Endrich / 3-926656-00-X

- Tsubo / Serizawa / WBV / 3-921988-21-7

- Aroma Therapie / Kraus / ro ro ro/ 3-499-19652-2

- Die Kosmische Oktave/ Cousto / Synthesis / 3-922026-24-9

- Aura Soma / Vicky Wall / Hans Nietsch / 3-929475-44-8

- Geheimnisse und Heilkräfte der Heilpflanzen / Mehrere Autoren / Reader 's Digest / 3-7166-00261

- Die Kosmische Oktave/ Cousto / Synthesis / 3-922026-24-9

- Arbeitsbuch zu den Rostock Essenzen/ Wohlgemuth Nicola /Wohlgemuth/ 3-9501142-0-3 (Band 2 „Lichtmeister" siehe nächste Seite)

- Lexikon der Heilsteine / Michael Gienger / Osterholz / 3-9804503-2-5

- Das Große Lexikon der Heilsteine, Düfte und Kräuter / Methusalem / 3-9804431-0-8

...und noch eine gemischte Auswahl an Büchern

- Der Photonen Ring / Essene, Nidle / CH.Falk / 3-89568-021-4
  b.z.w das Update dazu.

- Die fabelhaften Heldentaten des vollendeten Narren und Meisters Mulla
  Nasrudin / Shah / Herder / 3-451-04164-2

- Das Geheimnis der Derwische / Shah / Herder / 3-451- 04377-7

- Shiatsu für Anfänger / Rappenecker / Goldmann / 3-442-13596-6

- Das Enneagramm / Rohr, Ebert / Claudius / 3-532-62088-x

- Kurze Geschichte der Zeit / Hawking / Rowohlt / 3-498-02944-4

- Die Rostock Essenzen Band II (Lichtmeister) / Wohlgemuth /
  Wohlgemuth / 3-9501142-1-1

- dtv-Atlas zur Akupunktur / Hempen / dtv / 3-423-03232-4

- Hand Lesen / Reid / Urania / 3-908645-41-7

- Die Keltische Zauberin / McCoy / Sphinx / 3-89631-321-5

u.v.m.

Begriffserklärung

Hier finden Sie einige Wörter, die im Buch vorkommen, oder zum allgemeinen Verständnis dienen, damit Sie sich leichter zurechtfinden.

Alpha Zustand: verlangsamte Gehirnwellenfrequenz, Zugang zum vollen Potential seines Wesens, entspannter und kreativer Schaffungszustand.

Astral Ebene: Eine der feinstofflichen Ebenen, die über der unseren physischen Ebene steht, da sie eine höhere Frequenz hat. Dies ist die vierte Körperebene, auf der zum Beispiel astrale Wesen zu Hause sind.

Aufgestiegene Lichtmeister: Menschen und andere Wesen, die sich im Laufe ihrer Leben von allen Begrenzungen befreit haben und nun ihr ganzes multidimensionales Wesen ausschöpfen.

Aura: Schutzwall aus Energie, der uns vor Fremdeinflüssen schützt, als auch alles, was Sie sind, beinhaltet. (Ausstrahlung).

Ausrichten: Sich auf eine bestimmte Sache mit seiner Energie, in Form von Gedanken, Gefühlen, Vorstellungen und anderem, voll konzentrieren.

Chakren: Eines der drei Hauptenergiesysteme unseres Körpers. Drehende Energiekreise, die uns mit Energie versorgen.

Chakrenkanal: Verbindet die Chakren miteinander und läuft "entlang" der Wirbelsäule. (Metatron Schwingung)

Channeln: In Kontakt mit Wesen aus anderen Dimensionen treten und sich mit ihnen austauschen.

Dimension: In sich geschlossene Systeme, die bestimmte Gesetze und Eigenheiten aufweisen. Sie unterscheiden sich auch in der Frequenzhöhe.

DNS: Aus Desoxyribonukleinsäure bestehen unsere Gene und bilden somit die Codierung, die uns zu Menschen werden läßt.

Einstimmen: Sich voll und ganz auf eine Sache konzentrieren und seine Energie danach ausrichten um in Resonanz zu kommen.

114

energetisch: alles Vorgänge, die mit unserer Energie zu tun haben.

Energetische Lichtarbeit: Spezielle Form der Energiearbeit, die zusätzlich mit der Kraft der Sonne arbeitet.

Energie: Alles was ist besteht aus Energie, der Baustein der Schwingung.

Energiearbeit: Beschäftigt sich mit der Energie und vor allem, wie man ihre Gesetze nützen kann, um aktiv damit zu arbeiten, zum Beispiel zur Heilung.

Essenzen: Wasser-Alkohol Lösung, die mit der Schwingung von Blüten, Steinen oder ähnlichem versehen ist.

Feinstofflich: Alles was feiner ist, als die Materie, die wir im Allgemeinen angreifen können.

Hochfrequent: Schwingungen, die sehr hoch sind, schnell und rein.

Inkarnation: Eine Zeitspanne, in der sich ein Mensch, während eines Lebens, auf Erden befindet.

Invokation: Anrufung der hochfrequenten göttlichen Energie, in Form von Formulierungen, Gedichten, Gesang und vieles mehr.

Lichtarbeit: Jede Form der Energiearbeit, die mit Licht und Liebe arbeitet und nach diesen handelt.

Lichtnahrung: Dies ist die Ernährung durch hochfrequente göttliche Energie. Als Nebenerscheinung muß man nicht mehr essen oder trinken.

Meditation: Jede Form des in sich Hineinhorchens und Ausrichtung auf die Essenz von allem. Diese kann aktiv oder passiv ausgeführt werden.

Meridiane: Energiebahnen, welche sich an unserer Körperoberfläche befinden und besonders mit unseren Organen, als auch mit unseren Emotionen in Verbindung stehen.

Meridianuhr: Eine innere Uhr, in der je ein Meridian seine höchste Aktivitätsphase erreicht, die 3 Stunden dauert.

Multidimensional: In vielen Dimensionen vertreten zu sein oder anders gesagt vieldimensional. Einfach ausgedrückt zum Beispiel vielschichtiges Denken.

Neu schreiben: Alte Situationen oder Vorstellungen entlassen und neue Vorstellungen und Verhaltensweisen in sich aktivieren.

Oktavieren: Das Erhöhen oder Erniedrigen eines Tones. Wobei der Grundton auf den achten folgenden (Oktave) verändert wird. Dabei bleibt der Grundton erhalten und klingt gleich, aber die Schwingungsfrequenz ist anders.

Prana: Ausdruck für die Lebensenergie aus dem Indischen. Im Chinesischen – Chi, Japanisch - Ki und es gibt noch viele andere Worte dafür, die aus den verschiedensten Kulturen und Zeiten stammen. In der Bibel ist es Manna.

Programmieren: Sich auf eine bestimmte Schwingung ausrichten und diese zu seiner eigenen machen, indem man diese aktiv lebt und anwendet.

Reiki: Ist ein anderes Wort für Energie. Es ist eine uralte Heilmethode, bei der ausschließlich weiße Energie durch einen reinen Kanal geleitet wird und diese Energie einem anderen Wesen zugeführt wird um Blockaden zu lösen.

Schutzkugel: Aktiv aufgebauter Schutz, der individuelle Funktionen haben kann und vor Fremdeinflüssen schützt.

Schutzengel: Wird einem ab der Geburt zugeteilt um Ihnen zu helfen, geleitet zu werden und um Sie in gefährlichen Situationen zu beschützen. Engel sind hochfrequente multidimensionale Lichtwesen, die jede erdenkliche Form annehmen können. Engel sind die Boten Gottes und stammen aus seinem Herz. Es gibt Engel, Schutzengel, und Erzengel.

Schwingungsfrequenz: Die Höhe der Schwingung von etwas, die sich dadurch ergibt, wie schnell diese Schwingung hin und her schwingt.

Senden: Sich bewußt auf etwas zu konzentrieren und das Gewünschte somit an seine Außenwelt zu senden.

Tönen: Das Singen von Vokalen, um sich zu reinigen, oder etwas zu aktivieren, als auch zu Heilzwecken, aber auch einfach zur Freude.

Visualisation: Sich etwas mit all seinen Sinnen vorzustellen und es durch seinem Geist zum Leben zu erwecken.

7 Körpersystem: Dies sind die sieben Körper oder die Schwingungskegel, die sich aus den 7 Hauptchakren ergeben. Im Inneren der Graphik steht der physische Körper mit den sieben Hauptchakren. Desto weiter man nach außen geht, desto höher wird die Schwingungsrate des jeweiligen Körpers. Die genauere Beschreibung was es mit diesen sieben Körpern auf sich hat, habe ich Ihnen bereits auf Seite 28-32 gegeben. Da nun auch die Chakren 8-12 aktiv sind, bilden natürlich auch diese einen Chakrenkegel. Also haben wir jetzt genau genommen schon ein 12 Körpersystem.

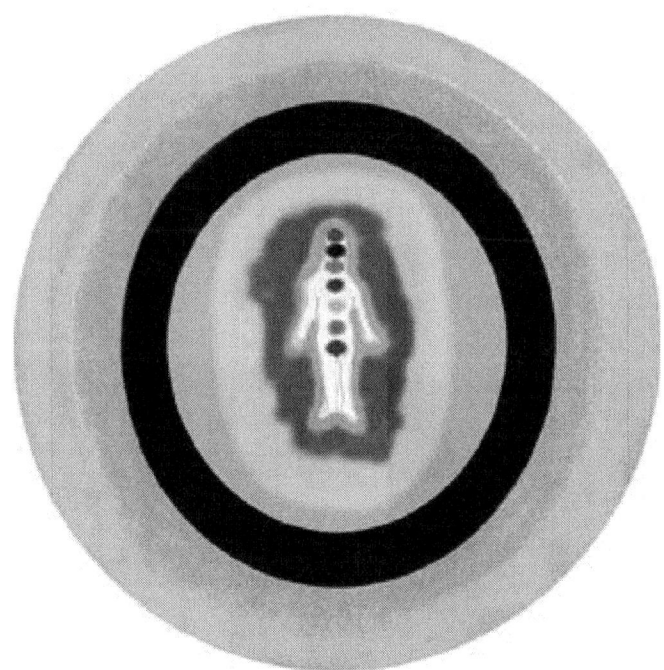

Verlag - Lichtbaum

- Der Verlag für Bücher aus denen Licht erwächst -

www.lichtbaum.at.tf

Facetten des Lebens / Verlag: Lichtbaum / ISBN: 3-9501226-0-5
Dieses Buch lädt zum Träumen und Staunen ein.
Die wunderschönen Photographien, die aus aller Welt stammen,
scheinen manchmal aus einer anderen Welt zu sein, wie man sie vorher
noch nie gesehen hat. Die jeweils dazu geschriebenen Texte sind voll von
Lebensweisheiten und lassen einen oft sich selbst erkennen, um dann
wohlwollend zu schmunzeln. Lassen Sie sich einfach inspirieren und gehen Sie
auf eine Reise, von der Sie einiges an Wissen und vor allem
Licht und Freude mitnehmen können.

Verlag - Lichtbaum

- Alle Bücher ab Ende Sommer 2001 direkt bei uns erhältlich -

A-8020 Graz Steiermark Kalvarienbergstr.151

Facetten des Lebens / Verlag: Lichtbaum / ISBN: 3-9501226-1-3

Facetten des Lebens II sind so wie der erste Teil mit wunderschönen
Bildern aus den verschiedensten Teilen unserer Welt zusammengetragen
worden, um Sie auf eine wunderschöne Reise mitzunehmen.
Auf dieser Reise werden Ihnen in einfacher Art und Weise, die verschiedenen
Gesichter des Lebens gezeigt, welche Sie dann sicherlich gut in Ihrem Leben
verwenden können. Lassen Sie sich ein in eine inspirierende Welt, die Ihnen
die Augen öffnen kann, für die kleinen und wundervollen Dinge des Lebens.

Die Weisheit der Heilsteine

Wie Ihnen Heilsteine helfen können
&
Was sie Ihnen zu sagen haben

Dieter Czerny

Verlag - Lichtbaum
- Der Verlag für Bücher aus denen Licht erwächst -

www.lichtbaum.at.tf

Die Weisheit der Heilsteine / Verlag: Lichtbaum ISBN: 3-9501226-6-4

Dieses Buch lädt sie auf eine Reise in das Reich der Steine ein, die uns so viel zu schenken und zu sagen haben, wenn wir bereit sind, ihnen zuzuhören.

Schon in der Urzeit und allen Kulturkreisen, gab es bestimmte Steine, die von einem Volk als Heilsteine, oder als Kultursteine verwendet wurden.

Langsam beginnen viele Menschen, diese vergessenen Helfer wieder zu entdecken und herauszufinden, daß ihre Faszination auf uns nicht nur in ihrem wunderschönen Erscheinungsbild liegt, sondern viel mehr dahinter steckt.

Steine sind eine Bereicherung in unserem Leben, wenn wir bereit sind sie einzulassen und uns mit ihnen vertraut machen. So mancher hat schon entdeckt, daß Steine leben. Sie entwickeln sich nur so langsam, daß wir glauben, sie wären tot.

In diesem Buch finden Sie zahlreiche liebevoll gestaltete Photos von wunderschönen Steinen. Jeder Stein spricht zu Ihnen, in Form eines Gedichtes, welches Ihnen die Fähigkeiten und Heilwirkungen des Steines näher bringt.

Informationsbroschüre
Die kleine energetische Schnellhilfe/ Verlag: Lichtbaum / ISBN: 3-9501226-3-X

ISBN: 3-9501226-3-X

Die kleine energetische Schnellhilfe

Wie Sie bei *akuten Problemen*
anderen oder sich selbst
schnell und effektiv helfen können

Dieter Czerny

In dieser Informationsbroschüre, finden Sie Beschreibungen, die es Ihnen möglich machen bei akuten Unausgewogenheiten, mit Energiearbeit, Ölen, Akupunkten, Kräutern und Essenzen schnell und effektiv zu helfen.

Informationsbroschüre

Der Leitfaden/ Verlag: Lichtbaum /

ISBN: 3-9501226-8-0

Der Leitfaden

zur Energie & Körperarbeit

Was ist eigentlich Energiearbeit?
Wie wirkt und was bewirkt sie?
Worauf Sie dabei achten sollten

Damit Sie bescheid wissen
Ihrer Gesundheit zu liebe

Dieter Czerny

In der Energiearbeit gibt es unzählige Methoden des Ausgleiches. Nichts desto trotz gibt es bestimmte Richtlinien, die eine qualitativ hochwertige Energiearbeit kennzeichnen. Hier erfahren Sie, was Sie als Klient erwarten sollten, oder was Sie als Therapeut bieten können, um die best möglichste Qualität zu gewährleisten.

Kontaktadressen
Praxis
für Energetische Lichtarbeit & Shiatsu

®

Dieter Czerny

Kalvarienbergstraße 151 A-8020 Graz
Tel: 0043 / 0699 / 10 16 66 80

Internetkontaktadresse:

e-mail: dieter.czerny@gmx.at

Homepage:

www.energiearbeit.at.tf

Nachwort

Der Inhalt dieses Buches kann sein Potential und die Möglichkeiten die sich daraus für Sie ergeben, nur dann entfalten, wenn Sie das Wissen aktiv in Ihr Leben einbringen und es einfach ausprobieren.

Sie können Ihr Leben bereichern, indem Sie einfach für neue Aspekte und Möglichkeiten offen bleiben, unabhängig von Ihrer Skepsis.

Machen Sie einfach einige Übungen aus diesem Buch mit offenem Herzen und achten darauf, was passiert.

Mir ist es nicht anders ergangen! Ich war zwar schon immer ein sehr offener Mensch um so viel wie möglich kennen zu lernen, aber der Punkt ist, wenn Sie etwas für sich selbst erleben, dann stellt sich die Frage nicht mehr, ob es dies oder jenes wirklich gibt!

Wenn Sie es erlebt haben, wird es zu einem Teil Ihrer Persönlichkeit und dann brauchen Sie nicht zu glauben oder sich auf wissenschaftliche Studien berufen, denn Sie haben dann selbst die Erfahrung gemacht.

Natürlich räume ich ein, daß solche Erfahrungen ganz individuell sind und Sie sich von den verschiedensten Einflüssen leiten lassen können.

Wenn Sie aber ganz offen an eine Vorhaben herangehen und es einfach ausprobieren, können Sie sich in jedem Fall eine Meinung, durch Erfahrung, bilden. Zum Beispiel wie Sie sich bei einer Übung fühlen, oder was bei einer bestimmten Einstellung die Sie testen, von Ihrer Umwelt zurückkommt.

Ich könnte Ihnen zum Beispiel stundenlange Vorträge über Ihre Aura (Ausstrahlung) halten und Sie könnten mir glauben oder auch nicht. Wenn Sie nun aber selbst hergehen und die Energie zwischen Ihren Handflächen spüren möchten, oder die Ausstrahlung einer anderen Person und dabei auch noch etwas wahrnehemen, ist dies Ihre eigene Erfahrung.

Wenn Sie dieses Buch lesen, können Sie mir glauben, oder nicht. Deshalb probieren und hinterfragen Sie einfach alles, denn nur so können Sie Erfahrungen sammeln und sich daraus Ihre eigene Meinung bilden.